떠남

● 이용규 지음

규장

프롤로그

길 떠나는 사람들을 위하여

이 책을 쓰고 있는 지금, 모스크에서 기도 시간을 알리는 에잔(Ezan) 소리를 들으며 내가 새로운 환경, 새로운 문화 속에 들어와 있음을 새삼 느낀다.

몽골에서 한국을 거쳐 미국 애틀랜타로, 다시 애틀랜타에서 한국을 거쳐 인도네시아 자카르타로, 1년간 가족과 함께 네 나라를 넘나들었다. 그 사이 가족 구성원의 숫자가 한 명 더 늘었다. 이번이 결혼 후 3개월 이상 거주한 경우만 따져서 벌써 열 번째 이사이다. 그리고 앞으로 열한 번째, 열두 번째의 이사가 우리 가족을 기다리고 있을 것이다.

인도네시아에 들어온 다음 날부터 나는 국립 인도네시아대학교(Universitas Indonesia, 이하 UI)의 인도네시아 언어 과정에 출석했다. 이미 수업이 시작한 지 2주가 지나 뒤늦게 수업에 참석했다. 대학교의 행정을 맡고 대학의 방향을 설정하는 일을 하다가 다시 학생의 신분으로 돌아왔다는 사실이 새삼스러웠다.

박사 과정을 마친 후 다시는 학생 시절로 돌아갈 일이 없을 것이라는 생각을 했었다. 예전 학창 시절에는 시험을 보는데 시간에 쫓겨서 당혹해 하던 꿈을 꾸기도 했는데, 그런 꿈을 꾸지 않게 된 지도 오랜 시간이 흘렀다. 어쩌면 하나님은 내가 노년(老年)에 이르기까지 반복적으로 배움에 도전하도록 나를 새로운 상황과 환경 속으로 밀어 넣기를 원하실지 모른다는 생각을 해본다.

세어보니 인도네시아어가 내가 열 번째로 공부하는 언어이다. 언어에 은사가 없는 사람에게 끝없이 동일한 도전을 반복하게 하시는 하나님의 방식이 아직 다 이해되지는 않는다. 확실한 것은 이 불가해한 일들에 순종이 더해질 때, 새로운 영적 지평이 열려간다는 사실이다. 아마 이러한 언어 훈련 과정의 배경에는 나를 영적인 어린아이로 빚어내려고 하시는 하나님의 뜻이 담겨 있지 않나 생각해본다.

사람은 새로운 언어를 배울 때마다 어린아이가 되어야 한다. 자기가 가진 생각을 있는 그대로 표현할 수 없고, 자신이 알고 있는 단어에 맞춰서 표현을 제한당할 수밖에 없다. 표현에 있어서 어린아이가 된다. 새로운 사회 문화적 환경 속에서 자신이 가진 옳고 그름의 기준을 양보하고 자신을 둘러싼 문화의 기준을 수용하고 맞춰가는 연습을 한다.

하나님께서는 바벨탑을 쌓은 자들의 교만을 꺾으시면서 언어를 흩으셨다. 이는 하나님께서 우리를 어린아이처럼 만들기 위해 조성하신 환경이다. 그러한 환경을 만드시고 하나님은 아브라함을 부르셔서 새로운 환경에 들어가게 하셨다. 나이 든 아브라함을 영적인 어린아이로 만드시기 위해 계획하신 방법일 것이다.

'떠남'이라는 하나님의 초청

최근 2년간 우리 가정이 몽골을 떠나고 또 넷째 아이를 갖는 과정 속에서 '떠남'이라는 단어를 지속적으로 묵상하게 되었다. 물론 떠남이라는 주제는 어쩌면 우리 가정이 몽골로 들어가기 전부터 묵상해온 것이기도 하다. 이 과정에서 나는 아브라함이라는 인물을 불러서 옛 삶에서 떠나게 하시고, 새로운 환경에서 하나님과 연합되는 새로운 삶으로 초대하신 하나님의 마음에 대해 깊이 생각해볼 시간을 가졌다.

이러한 떠남은 현실 도피 내지는 책임 회피와는 다른 것이다. 자신에게 주어진 부담을 못 이겨서 도망하는 것과도 다르다. 또한 이것은 단순히 물리적인 환경 변화인 이사하는 것만을 의미하지 않는다. 우리의 옛 삶, 익숙해진 세계관, 오랜 시간 젖어온 가치관, 구습(舊習)과 옛 태도로부터 떨어져 나오는 것이다. 경우에 따라서는 고정된 사회적 틀이나 일상으로부터의 벗어남을 의미할 수도 있다. 왜냐하면 종종 이러한 일상의 제약들이 우리의 생각과 가치관을 묶어버리기 때문이다.

물리적인 환경의 변화와 새로운 환경 속으로의 유입(流入)은 과거의 나를 좀 더 객관적으로 볼 수 있는 기회를 제공해준다. 단, 우리가 깨어 있지 않으면 새로운 환경에 있더라도 우리는 예전의 자아와 습성에 더 구속되고 붙들릴 수도 있다. 우리를 변화시키고자 하는 하나님의 열심은 우리를 새로운 영적, 사회적 환경 속으로 인도해간다. 그러기 위해서 하나님께서는 어떤 영역에서 떠나도록 우리를 초청하신다. 우리가 신뢰함으로 그분의 인도하심을 따라 새로운 여행을 출발한다면, 우리는 변화를 경험하며 그분과 더 깊이 연합하는 과정을 시작하게 될 것이다.

이 글은 바로 이러한 하나님의 초청에 대한 나눔이다.

영혼의 외치는 소리

우리 가정이 인도네시아로 들어오기 전에 비자 수속을 위해서 한국에 보름 정도 체류했다. 머무는 동안 병원 진료를 위해 입원해 있던 시간 며칠을 제외하고는 몇몇 분들을 만나서 기도해주는 시간을 가졌다.

이분들은 누가 봐도 선망하는 직업에, 경제적인 면에서도 아주 안정된 삶을 꾸려나가는 분들이다. 하지만 나는 그 분들의 삶에 불만과 아픔, 좌절이 있음을 보았다. 그 영혼을 향한 긍휼함 때문에 간절히 기도해주고 또 위로와 권면의 메시지를 나누었다. 놀라운 사실은 그다지 가진 것이 많지 않고 몽골에서 이리저리 구르며 고생하던 사람이, 한국에서 비교적 안정적인 생활을 영위하는 것처럼 보이는 분들을 위해 위로하며 나누어줄 것이 많이 있다는 것이다. 이것은 내게 놀라운 발견이었다.

많지는 않지만, 몇몇 교회에서 약속한 집회를 인도하는데 나를 당혹스럽게 한 것이 있었다. 비교적 건강해 보이는 교회의 집회였음에도 불구하고 교회 안에 있는 성도들의 얼굴이 전반적으로 너무 어둡다는 것이었다. 다수의 성도들이 삶의 무게에 눌려 있는 것처럼 보였다. 예배에서도 메마름이 느껴졌고 성도들의 영혼에도 굶주림과 갈증이 있음을 보았다. 마치 하나님을 알지도 경험하지도 못한 사람들의 얼굴 같았다.

말씀을 전하기 전에 하나님께 기도를 드렸다.

"하나님, 이들이 안에서부터 외치는 소리가 있는 것 같은데 그것이 뭔가요?"

그 소리를 들으려고 했을 때, 내 안에 들려지는 몇 단어가 있었다.

'힘들어요!'

'견딜 수 없어요!'

감사하게도 내 안에서 그런 그들을 향해 던져주고 싶은 답이 떠올랐다. 내가 지난 2년 동안 하나님께 질문하고 부딪치고 경험했던 것들이 이 분들을 위한 하나의 메시지가 될 수 있다는 사실을 깨달았다.

하지만 여전히 질문이 있었다.

"하나님, 굳이 제가 답해야 하는 것인가요?"

하나님이 쓰시는 나의 이야기

우리 가정이 인도네시아에 들어와 자카르타 연합교회에서 주일예배를 드리며 들었던 말씀이 내게 새롭게 부각되었다. 하나님께서 이 구절을 통해서 내게 이번 책에 대해 주시는 메시지가 있다고 느꼈다.

그 모든 백성이 요단을 건너가기를 마치매
여호와께서 여호수아에게 말씀하여 이르시되
백성의 각 지파에 한 사람씩 열두 사람을 택하고
그들에게 명령하여 이르기를
요단 가운데 제사장들의 발이 굳게 선 그 곳에서
돌 열둘을 택하여 그것을 가져다가
오늘밤 너희가 유숙할 그 곳에 두게 하라 하시니라
여호수아가 이스라엘 자손 중에서
각 지파에 한 사람씩 준비한 그 열두 사람을 불러 그들에게 이르되
요단 가운데로 들어가 너희 하나님 여호와의 궤 앞으로 가서
이스라엘 자손들의 지파 수대로 각기 돌 한 개씩 가져다가 어깨에 메라
이것이 너희 중에 표징이 되리라
후일에 너희의 자손들이 물어 이르되 이 돌들은 무슨 뜻이냐 하거든
그들에게 이르기를 요단 물이 여호와의 언약궤 앞에서 끊어졌나니

곧 언약궤가 요단을 건널 때에 요단 물이 끊어졌으므로

이 돌들이 이스라엘 자손에게 영원히 기념이 되리라 하라 하니라

이스라엘 자손들이 여호수아가 명령한 대로 행하되

여호와께서 여호수아에게 이르신 대로

이스라엘 자손들의 지파의 수를 따라

요단 가운데에서 돌 열둘을 택하여

자기들이 유숙할 곳으로 가져다가 거기에 두었더라

여호수아가 또 요단 가운데

곧 언약궤를 멘 제사장들의 발이 선 곳에 돌 열둘을 세웠더니

오늘까지 거기에 있더라

여호수아서 4:1-9

요단 강은 삶과 죽음, 세상과 영원의 경계선을 의미한다. 그 요단 강에는 수많은 광야의 돌들이 흘러 들어가서 깨지고 다듬어진다. 그 가운데로 여리고 성을 향해 전진하던 이스라엘 백성이 들어간다. 여호와의 언약궤를 멘 제사장들이 믿음의 발걸음을 내디뎠을 때 요단 강이 갈라졌다.

모든 백성이 그 강을 건너고 난 후, 여호와께서 여호수아에게 명령하셨다. 강이 그쳐 말라버린 그 땅의 한복판에서, 제사장들의 발이 굳게 선 그곳에서 열두 명의 리더를 뽑아 열두 돌을 가지고 나오라고 하신 것이다. 여호와는 그 돌들을 이스라엘 후손들에게 하나님의 인도하시는 손길

을 기억하게 하는 징표로 삼고자 하셨다. 그 강바닥에는 많은 돌들이 있었다. 그런데 하나님께서는 그중에 열두 개만을 택하라 하셨다.

나는 또 하나의 책을 써야 한다는 부담감 가운데 하나님께 묻고 있었다.

"하나님, 왜 나의 이야기를 원하십니까? 이미 동일한 은혜를 경험한 많은 분들이 있는데, 그리고 그것을 더 잘 전할 수 있는 분들이 있을 텐데요."

하나님은 그 말씀 가운데 내게 이렇게 도전하신다고 느꼈다.

"그 강에 있는 모든 돌들이 나의 인도함의 증인이다. 그 모든 돌들이 귀하다. 그러나 나는 그 모든 돌들을 다 징표로 세우지는 않는다. 그 가운데 몇 개만이 상징적인 징표로 길갈에 세워져서 나의 선한 인도함의 증거가 된다."

하나님께서 나의 이야기를 들어서 누군가를 회복하고 위로하며 다시 세우기 원하신다는 생각이 들자 나는 다시 글을 쓰는 자리로 나올 수 있었다. 네 아이들과 인도네시아라는 새로운 문화적, 영적 환경에 적응해야 하는 이 분주한 소용돌이의 한복판에서 하나님께서는 내게 다시 글을 쓰라는 부담을 주셨다. 지난 2년간 내 삶에 개입하신 하나님의 손길에 대해서 기록하라는 부담이다.

이 이야기가 굳이 이 시점에서 쓰여져야 하는 이유에는 한국 교회의 상황에 대한 하나님의 탄식과 아픔이 맞물려 있다는 사실을 자각하게 되었다.

길 떠나는 사람들을 위하여

많은 사람들이 행복을 추구하기 위해서 살아간다. 예수님을 믿는 이유도 행복하기 위해서인 경우를 본다. 그런데 행복을 추구하는 그 삶에서 우리는 행복을 찾지 못한다. 행복이 목적이 되면 우리는 삶의 어느 순간 스스로를 불행하게 보기 시작한다. 행복은 삶의 과정에서 자연스럽게 발견하는 것이지 그것이 목표가 된다고 우리가 행복해지는 것은 아니다.

예수님을 믿기 때문에 행복해질 수 있다. 그러나 행복이 목표가 되면 예수님을 잃어버릴 수도 있다. 예수님을 믿는 것, 그리고 그분과 연합하는 일은 행복해지는 것보다 훨씬 큰 가치이다. 행복은 그 연합의 자연스러운 결과물일 따름이다. 지금 우리 중 누군가 행복하다는 느낌을 잃어버리고 있다면, 이 책을 통해서 기본적인 것들을 다시 점검하는 시간을 가질 수 있기를 소망한다.

앞으로 나눌 이야기는 하나님께서 자신이 원하는 대로 일해주시지 않았던 일로 인해 좌절과 상처를 경험한 이들, 현실의 버거운 짐 때문에 비틀거리며 자신이 제대로 길을 가고 있는 것인지 의문을 가지고 있는 이들을 향한 것이다. 내가 경험한 하나님의 이야기가 그들에게 주어진 상황을 하나님의 눈으로 바라볼 수 있게 하고, 그로 인해 고통스러운 현실에서 새롭게 인내하는 힘과 소망을 나눌 수 있으리라는 바람을 가져 본다.

예수님을 구주로 영접한 독자에게는 그분과 함께 걸어가는 삶의 여정의 한 예가 이 글을 통해 전달되기를 바란다. 그리고 아직 예수님을 모르는 분들에게는 미처 가보지 않은 길에 대해 새로이 도전할 용기를 줄 수 있기를 소망한다.

프롤로그

part 1 믿음으로 떠나라
너를 향한 나의 초청이라

chapter 1 떠남으로의 초대　　　　　　　　　　　　18
chapter 2 약속의 땅으로 믿음의 번지점프할 때　　　43

part 2 떠나는 것이 나의 축복이라
난 너를 축복의 통로로 불렀느니라

chapter 3 열방의 복으로 떠나라는 그분의 부르심　　　　68
chapter 4 불안의 한가운데서 맛보는 하나님의 풍성함　　92
chapter 5 복의 통로된 자에게만 허락되는 특별한 축복　112

contents

3 part 순종의 네 마음에 나의 은혜를 부으리라
내가 너에게 약속한 새 땅을 주리라

chapter 6　감사가 넘치는 떠남의 여정　　　　　　　　　　130
chapter 7　떠남은 날 아버지로 빚으시기 위한 그분의 계획　154
chapter 8　기다림으로 무르익는 아버지를 향한 우리의 사랑　182
chapter 9　새 땅으로 부르신 하나님의 위로가 담긴 약속　　214

에필로그

1 part

믿음으로 떠나라
너를 향한 나의 초청이라

"일단 떠나라. 그리고 내가 지시할 땅으로 가라."
'지시할' 땅으로 가라고 했지 '지시한' 땅으로 가라고 한 것이 아니었다.
히브리서에 보면 아브라함이 갈 바를 알지 못하고 떠났다고 되어 있다.
내가 경험한 하나님의 인도하심의 특징 역시 한꺼번에 최종 목적지를
가르쳐주고 가라고 하시는 게 아니라 그냥 떠나라고 도전하신다는 것이다.

CHAPTER 01

떠남으로의 초대

아브라함의 부르심

하나님께서 인류 구원사를 이루기 위해서 한 인물을 선택하셨다. 그는 특별할 것이 없는 평범한 사람이었다. 어려움을 만나면 피해 가려고 하고 신변에 위험을 느끼면 위축되고 어찌할 바를 모르던 그런 노인네였다. 하나님이 그를 택하셔서 가장 먼저 주신 말씀이 네 본토, 친척, 아비집을 떠나라는 것이었다.

> 여호와께서 아브람에게 이르시되
> 너는 너의 고향과 친척과 아버지의 집을 떠나
> 내가 네게 보여줄 땅으로 가라

내가 너로 큰 민족을 이루고 네게 복을 주어

네 이름을 창대하게 하리니 너는 복이 될지라

너를 축복하는 자에게는 내가 복을 내리고

너를 저주하는 자에게는 내가 저주하리니

땅의 모든 족속이 너로 말미암아 복을 얻을 것이라 하신지라

이에 아브람이 여호와의 말씀을 따라갔고

롯도 그와 함께 갔으며

아브람이 하란을 떠날 때에 칠십오 세였더라

창세기 12:1-4

    고대 근동 지역은 부족 중심의 사회였다. 개인 혼자서는 살아갈 수 없고 부족에 의탁해서 생계를 보장받아야 했다. 생존의 기초 단위인 부족을 떠나게 되면 우선 자신과 가족의 안전을 보호받을 수 없었다. 부족을 떠난다는 것은 공동체로부터 받았던 모든 보장을 포기하고 스스로의 힘으로 생존 문제를 해결해 가든지 전적으로 하나님의 보호에 의존해야 한다는 뜻이었다. 노년의 나이에 익숙한 삶의 터전을 떠나 새로운 환경으로 들어간다는 것은 그 당시 상황에서는 자살 행위였다. 더군다나 하나님은 미리 갈 곳을 가르쳐주며 떠나라고 하신 것이 아니다.

    "일단 떠나라. 그리고 내가 지시할 땅으로 가라."

    '지시할' 땅으로 가라고 했지 '지시한' 땅으로 가라고 한 것이 아니었다. 히브리서에 보면 아브라함이 갈 바를 알지 못하고 떠났다고 되어

있다. 내가 경험한 하나님의 인도하심의 특징 역시 한꺼번에 최종 목적지를 가르쳐주고 가라고 하시는 게 아니라 그냥 떠나라고 도전하신다는 것이다.

하나님께서 75세라는 느지막한 나이의 아브라함에게 삶의 주변을 정리하고 미지의 땅으로 출발해서 유목민의 삶을 살도록 촉구한 것은 놀라운 도전이다. 당시에는 하나님이 어떤 분이신지 가르쳐주는 성경도 율법도 없었다. 그는 예수님의 존재도 몰랐고 신앙서적도 읽지 않았던 사람이다.

놀라운 사실은 그가 그 말씀에 그대로 순종해서 떠났다는 점이다. "가라"라는 그 말씀 한 마디에 반응이 일어난다. 그에게는 하나님에 대한 선이해(先理解)가 없었다. 이것이 하나님과 관계 맺는 삶의 첫 번째 단추이다. 그의 떠남은 여러 번에 걸친 삶의 여정의 첫 시작이었지 완성은 아니었다.

떠남의 도전

하나님은 내 삶의 고비고비마다 내게 떠날 것을 도전하셨다.

"나를 의지하고 떠나지 않겠니?"

미국으로 유학을 떠날 때도 나는 하나님이 주시는 도전 가운데 내게 익숙한 중국사 공부를 포기하고 중동사라는 낯선 영역으로 전공을 바꿔서 떠나야 했다. 하나님께서는 먼저 기도하는 분들을 통해서 내가 새로운 영역의 공부를 하게 될 것에 대한 암시를 주신 후 지도 교수님의 강권으로 전공을 바꾸게 하셨다.

그때 나에게 도전적으로 왔던 메시지가 히브리서 11장 8절의 아브라함이 부르심을 받았을 때 어디로 가는지 알지 못하고 떠났다는 말씀이었다.

> 믿음으로 아브라함은 부르심을 받았을 때에
> 순종하여 장래의 유업으로 받을 땅에 나아갈 새
> 갈 바를 알지 못하고 나아갔으며
>
> 히브리서 11:8

약속을 받고 떠난 곳에서 아브라함이 처음 맞닥뜨리게 된 것은 기근이었다. 그리고 아내를 빼앗길지 모르는 위협적인 상황이었다. 생전 처음 공부해야 하는 언어와 영역 속에서 내 유학생활은 편안할 수 없었다. 위축되고 좌절하는 순간의 연속이었다.

하버드대학교에서 박사학위를 받은 뒤 나는 또 한 번 떠남의 도전 앞에 서게 되었다. 선교사로 몽골 땅에 가족과 함께 들어가면서 그간 내가 바라고 계획했던 커리어(career)와 삶의 영역에 대해 마음을 정리하고 하나님께서 이끄시는 대로 다시 새로운 영역 속으로 걸음을 옮겨야 했다.

처음 선교 지원을 할 때는 내 삶의 2년 정도를 하나님께 드린다는 마음으로 들어갔다. 그때 만약 내가 평생을 선교지에 있게 될 줄 알았다면 첫 발을 떼기까지 망설이고 주저하는 시간이 있었을지도 모른다. 그래서 때로는 하나님께서 다 보여주시고 첫 발걸음을 내디디라고 하지 않으시는 것 같기도 하다.

몽골에 들어온 지 1년 정도의 시간이 흘렀을 때, 한국에 있는 교수님이나 대학교의 학과로부터 교수직에 지원해보라는 권유나 소개가 몇 번 있었다. 그래서 다음 행보를 놓고 기도하는 시간을 가졌다. 그때 내 마음에 파문을 일으키는 조용한 도전이 있었다.

"너, 나와 함께 몽골에 더 있지 않을래?"

그 말씀이 내게 너무도 달콤하게 다가왔다.

선한 인도하심

내가 그 도전 앞에서 지속적으로 반응할 수 있었던 이유는 하나님께서 나와 함께하신 삶에 있었던 하나님의 선하심에 대한 경험적인 고백 때문이었다.

한번은 내가 미국의 보스턴에서 열린 지역 코스타(KOSTA: KOrean STudent All nations, 국제복음주의학생연합회) 집회에서 말씀을 전할 때 한국에서 오신 한 목사님이 내게 물으셨다.

"선교사님, 선교사님이야 이렇게 외부 사역도 있고 열매가 있으니까 어떤 만족이 있으시겠지만 사모님은 무척 힘드실 것 같아요. 사모님이 이 어려운 환경을 어떻게 잘 이기고 극복하시는지 궁금하고 안쓰럽네요."

그때 나는 아내가 나에게 했던 이야기가 생각나서 나눠드렸다.

"아내가 저한테 이렇게 이야기하던데요. '여보, 내가 미국에서도 살

만큼 살아봤고 한국에서도 살았었고 몽골에서도 살아봤는데, 결국 사는 건 어디서든 다 거기서 거긴 것 같아요. 정말 나를 행복하게 해주는 것은 하나님이 나를 부르신 곳에 가 있는 거라는 걸 고백할 수 있게 됐어요'라고 말이죠."

목사님은 그 대답에 충분히 이해되지 않는다는 반응을 보이셨다.

"어떻게 그렇게 생각하실 수 있지요?"

나는 좀 더 보충 설명이 필요하겠다 싶어서 말을 이었다.

"몽골 사람들이 한국에 왔다가 몇 년 살고 가면 못 잊는 게 있습니다. 매운 라면과 김치입니다. 맵고 톡 쏘는 맛이 그리워서 비싸지만 한국 식당을 자주 찾게 됩니다. 그래서 몽골에서 한국 식당이 참 잘됩니다. 이렇게 사소한 음식이라도 우리는 그 맛에 길들여지면 그것 없이는 허전함을 느끼고 그리움이 남습니다. 그걸 먹지 않으면 진수성찬을 먹어도 뭔가 아쉽습니다. 그런데 성경에 이런 말씀이 있습니다. 시편 34편 8절 '너희는 여호와의 선하심을 맛보아 알지어다'라는 말씀입니다. 그분이 인도하시는 삶의 맛을 한 번 본 사람은 잊을 수가 없습니다. 다른 것으로는 만족하지 못하게 됩니다."

문제는 우리가 그 맛을 보지 못하고 있다는 것이다. 내가 보기에 교회 안에 있는 성도들에게 가장 큰 불행은 교회 안에 머물러 있기는 한데 그분의 선하심을 맛보아 안 적이 별로 없다는 것이다.

떠나야 한다는 불편함

몽골에서의 삶이 익숙하고 편안하게 느껴지는 시점이었던 2010년경부터 하나님은 내 안에 어떤 불편함을 주기 시작하셨다. 그 무렵 나는 하나님께서 내게 기름 부어주신 사역들로 바쁜 시간들을 보내고 있었다. 초창기부터 대학교 사역에서 가장 어려웠던 것이 사역 인원과 재정의 부족이었다. 《내려놓음》 책이 출간되고 난 뒤, 사역이 알려지기 시작하면서 많은 젊은 사역자들이 학교 사역에 동참하게 되었다. 책의 인세로 학교의 기숙사 문제, 식당 문제, 네트워크 구축 등의 문제들을 해결하고 재정의 급한 불도 끌 수 있게 되었다.

그러던 어느 날부터인가 하나님께서 내 마음을 불편하게 만들기 시작하셨다. 내가 신뢰하던 중보자들을 통해서 몽골 땅을 떠나야 할 것에 대해 말씀하기 시작하셨다. 나는 너무나 의아했다. 당시 나는 몽골국제대학교의 사역자들에게 기둥이자 버팀목이 되어주어야 한다고 생각하고 있었다. 그 일을 그만두고 자리를 비운다는 것은 무책임한 일이었다.

한편 그 무렵에 학교 사역이 어느 정도 안정적인 궤도에 들어서자 오히려 학교에서 관계의 어려움이 발생하게 되었다. 내가 특정인들에게 불필요한 오해를 받거나 입지가 좁아지는 일들이 계속해서 발생했다. 전에는 없었던 상황이었고 이러한 상황들이 갖는 영적인 의미들을 하나님께 여쭈며 나아갔다. 기도하는 중에 나는 내가 이 시점에서 몽골을 떠날 준비를 하는 것이 하나님의 뜻이라는 강한 인상을 받게 되었다.

당혹스러움으로 하나님께 여쭈었다.

"하나님, 제가 떠나면 저희 학교는 어떻게 되나요? 학교 사역자들이 힘들어지면 어떻게 하지요?"

"학교가 너를 의지하지 못하게 해라. 그들이 나를 의지하는 법을 배우게 할 것이다. 이곳에서 더 이상 네가 할 일이 없다."

조용하지만 강한 울림이 내 마음속에 파장을 일으켰다.

사역의 출구전략

세상에서 사람들은 자신이 없으면 안 되는 조직을 만들기 원한다. 자신이 그 조직의 한 중심에 있을 때에야 안심한다. 그러나 하나님이 내게 주신 도전은 달랐다.

"이곳에서 널 필요로 하는 것들이 하루 빨리 없어져야 네가 할 일을 다한 거다."

나는 하나님나라의 조직은 세상의 조직 구성 방식과는 다르다는 것을 깨달았다. 내가 곧 필요 없어지는 공동체를 이루었을 때 그것이 성공이 된다. 하지만 교회에서조차 내가 중심에 서는 조직, 내가 없으면 안 되는 공동체를 일구는 것을 목표로 일하면서 자신이 천국을 확장하고 있다는 착각에 빠져 있는 경우가 많다.

선교사의 임무는 그 땅에서 그를 필요로 하지 않는 날을 하루라도 빨리 앞당기는 것이다. 그러므로 사역지에서 새로운 사역을 시작할 때 가장 먼저 세우는 전략이 '출구전략'이 되어야 한다. 사역을 구상함에 앞서 언제 어떻게 그곳을 나올 것이며, 누가 그 뒤를 이을 수 있도록 도와줄 것인지를 미리 생각해야 한다. 모세가 여호수아에게 수종 들게 하며 그의 도움을 받아 사역을 하고 결정적인 순간에 그 사역을 물려줄 수 있었던 것같이 내가 없어도 기능할 수 있도록 함께할 자들을 세워가는 일이 필요하다.

안전장치를 풀고 새로 시작하는 삶

대학교 사역을 하다보니 다양한 사람들과 연결되기 시작했다. 사회에 영향력 있는 인물들을 비롯해 몽골의 대통령과도 만나 교제하는 일들이 생겼다. 도움 받을 곳들이 생겨나고 사역이 전보다는 편안하게 느껴지기 시작했다. 이제 문제가 생기면 어떻게 풀어갈지 가닥을 잡는 것이 전보다 훨씬 수월해졌다.

한 사역지에서 수년을 보내고 나면 어떤 부분에서는 선교지가 고국보다도 더 편안하게 느껴지는 것 같다. 다른 나라에 출장 갔다가 몽골에 들어가면 비로소 집에 돌아온 느낌이 들었다. 그런데 하나님께서는 이 모든 것을 두고 다시 떠나라고 하시는 것이다.

한국 직장 문화에서는 사람들이 밤늦은 시간까지 술자리를 갖고 많은 사람들과의 약속 때문에 귀가 시간이 늦어지는 것을 당연시하는 경우가 많다. 그 이유가 두터운 인적 네트워크를 만들어놓아야 한다는 부담과 맞물린다. 그 부담의 배후에는 안전장치를 해놓지 않고서는 안심할 수 없어 하는 불안이 도사리고 있다. 그런데 왜 하나님께서는 나에게 관계라는 안전장치를 다 풀어버리고 새로 시작하라고 하시는 것일까? 그렇게 하지 않으면 우리는 끊임없이 우리가 가지고 있다고 생각하는 것들에 얽매여서 그것에 의지하며 살아가려고 하기 때문일 것이다.

아브라함의 가정도 두 번에 걸친 떠남이 있었다. 메소포타미아의 갈대아 우르에서 지금의 터키 동남부에 위치한 하란 땅으로 이주했다. 그 후에 다시 가나안 땅으로 부르심을 받는다. 이미 한 번 떠나보았기 때문에 두 번째의 떠남이 더 수월했을지도 모르겠다.

"그러면 몽골에서 떠나 우리 가족은 이제 어디로 가야 하나요?"

오랜 시간 기도했지만 이 부분에 대해서는 어떤 힌트도 얻지 못했다.

어떤 사람들은 내 책에 소개된 간증을 통해 내가 기도하면 하나님께서 바로 응답을 주시는 것처럼 착각하는 경우를 본다. 다른 사람에게는 잘 응답해주시는 하나님께서 자신의 기도에는 바로 응답하시지 않는다고 생각하며 좌절하기도 한다. 확실히 이야기할 수 있는 것은, 이러한 응답이 때로는 갈 바를 모르며 그분을 신뢰하고 기다리는 수많은 낮과 밤의 시간을 전제한다는 것이다.

그러던 중 학교 리더십 안에서 발생한 어떤 사건을 계기로 내가 떠나야 한다는 사실을 학교에 공개적으로 말할 시기가 왔다는 것을 직감했다. 다음 날 학교에 이번 학기를 끝으로 떠날 것이라고 통보했다. 미리 떠나야 한다는 사실을 알렸기에 학교 측에서도 한 학기 동안 내가 비는 자리에 대비할 수 있었고, 또 시간을 두고 이별을 준비할 수 있었다.

평안하게 떠날 수 있는 이유

금세 많은 사역자들이 물었다.

"이제 여기를 떠나서 어디로 가시나요?"

"실은 저도 모르겠어요. 어디로 갈지 아직 하나님으로부터 들은 것이 없어요."

때로는 하나님께서 우리가 갈 곳에 대해서 미리 말씀해주시지 않는 것이 유익할 수 있다는 것을 깨달았다. 내가 만약 갈 곳을 미리 알아서 그곳에 가기 위해 몽골을 떠나야 한다고 이야기했다면 몽골의 동역자들은 버려진 듯한 느낌이 들었을 것이다.

세상에서 통용되는 방법은 자신이 떠나갈 곳을 미리 정해두고 그것이 확실해지면 그제야 자신이 속한 곳에 공개적으로 말하는 것이 일반적이다. 특히 직장을 옮기거나 이사하는 경우에 더욱 그렇다. 아이를 여럿 둔 가장으로서 갈 곳 없이 떠난다는 것은 무책임하게 보이기도 할 것이다. 그러나 하나님의 인도하심으로 삶을 영위해본 사람은 이것이 얼마나 우리를 평안하게 하고 자유롭게 하는지 절감한다.

내가 곧 몽골 사역을 정리한다는 사실을 알고 몽골의 한국 선교사들과 교회 지도자들이 내게 부탁한 일이 있었다. 몽골에서 교회나 신학교에서 강의했던 몽골 기독교 역사 이야기를 책으로 만들어주면 몽골의 교회가 자긍심을 가질 수 있을 것이라는 내용이었다. 그러자 자료를 보충해서 책을 준비하려면 좋은 도서관을 끼고 있어야겠다는 생각이 들었고, 그러기 위해서는 한 신학교를 정해서 교환 교수 자격으로 그곳에 가서 책을 쓰는 것이 좋은 방법이라는 생각에 이르렀다.

마침 미국 조지아 주(州)의 애틀랜타에 위치한 컬럼비아신학교를 방문했던 기억이 났다. 그리고 한국 관계자 분들을 통해서 그 신학교와 연결이 됐고, 그곳에 1년간 교환 교수로 가는 것이 결정되었다. 이 모든 일이 단 1,2주 만에 이루어졌다. 우리 가정은 이렇게 해서 어디로 가라고 하는 구체적인 방향 제시도 없이 그저 떠나라는 말씀 하나만을 붙들고 일단 정든 몽골 땅을 떠나 애틀랜타로 가기로 결정했다.

하나님께서 어떤 예비하심으로 우리를 기다리고 계실지 어떤 힌트도 없었지만, 우리는 여전히 평안할 수 있었다. 내가 한 가지 고백할 수 있는 것은 어떤 낯선 길을 갈지라도 익숙한 사람과 함께 간다면 그 길이 전혀 두렵지 않다는 사실이다. 돌아보건대 그렇게 평안하게 떠날 수 있었던 것 자체가 하나님을 신뢰한다는 마음으로부터의 고백이었다.

광야의 나그네 같은 인생

하나님이 우리를 떠나게 하시는 이유 중 가장 중요한 것이 우리를 훈련시키기 위해서이다. 하나님께선 우리를 연단하시기 위해 우리를 익숙한 환경에서 떼어내시고 광야로 몰아가신다. 히브리어에서 '광야'라는 단어와 '하나님의 말씀'이라는 단어는 어근이 같다. 다시 말하면 히브리인의 관념에서는 광야와 하나님의 말씀 사이에 어떤 연관성이 있다고 보는 것이다. 광야는 하나님의 말씀을 대면하는 곳이다. 그래서 광야의 연단 과정은 성도들에게 선택과목이 아닌 필수과목이다.

예수님도 나그네의 삶을 사셔야 했다. 포근하고 안정감을 주는 하늘 아버지의 품을 떠나서 인간 세상으로, 그것도 작고 보잘것없는 유대 민족에게로 보내심을 받았다. 그리고 베들레헴이라는 동네의 마구간에서 태어나자마자 애굽으로 피신해야 했다. 다시 갈릴리 나사렛이란 동네로 가서 그곳에서 자랐고, 공생애 사역을 시작하시면서 유대와 사마리아와 갈릴리 주변을 떠돌며 사역하셔야 했다.

성경에서 하나님이 사용하시는 사람들의 대부분이 나그네로 살았다. 하나님은 유대 민족을 사용하기로 결정하신 후에 그들을 세계 곳곳에 흩으실 계획을 가지고 계셨다.

야곱이 형을 피해 외삼촌 라반의 집으로 도망가는 길에 벧엘에서 하룻밤을 보내게 된다. 아버지의 집을 떠나 새로운 환경으로 도망가는 야곱에게 하나님은 다음과 같은 약속을 하신다.

> 네 자손이 땅의 티끌같이 되어
> 네가 서쪽과 동쪽과 북쪽과 남쪽으로 퍼져 나갈지며
> 땅의 모든 족속이 너와 네 자손으로 말미암아 복을 받으리라
> 창세기 28:14

하나님은 이미 오래 전부터 야곱의 자손들을 축복하시고 그들을 복의 통로로 사용하기 원하셨다. 그 일을 위해서 그의 자손들을 서쪽과 동쪽과 북쪽과 남쪽으로 퍼져 나가게 하기로 결정해놓으셨다. 유대 민족의

유랑생활은 이미 그 민족이 형성되기 시작한 시기 전부터 계획되어 있던 것이다. 복의 통로가 되기 위해서는 누군가에게 보내져야 하는 것이다. '축복'과 '떠남'은 패키지이다.

한국 민족을 흩으신 하나님의 섭리

최근 기독교 역사를 공부하며 한 가지 깨닫게 된 것이 있었다. 하나님께서 이스라엘 백성을 사용하시기 위해서 그들을 만방에 흩으셨던 것처럼, 그분은 계속해서 새로운 민족들을 흩으시며 당신의 계획을 이루어 가신다는 사실이다.

사도 바울의 세계 선교도 결국은 바울이 흩어진 유대인 디아스포라들이 모여 살았던 교역 중심 도시를 찾아다니며 회당 주변에 모인 경건한 이방인들에게 복음을 전한 것이다. 그들을 기반으로 초대교회가 로마제국의 주요 도시들에 점점이 세워졌다.

하나님께서 중국인과 필리핀인 그리고 인도인 같은 아시아권 출신 이방인들을 선교에 사용하고 계신 것을 본다. 특별히 나의 관심을 끄는 민족은 역시 한국인 이주자들이다. 한국에 복음이 본격적으로 전해지고 부흥이 일어난 이후 하나님께서는 일본 식민 치하의 조선인들을 흩으시기 시작했다. 이 땅에 살던 조선인들은 여러 이유로 만주, 북간도, 일본, 하와이와 멕시코로 떠나갔다.

하나님께서는 그들을 특별하게 기억하고 계셨다. 만주에 흩어진 조선인들은 큰 부흥을 경험하고 조선 부흥의 불길을 중국 땅에 옮겨주는 역할을 한다. 그리고 그 땅에 남게 된 조선족은 이후 중국 선교를 위해 파송된 초기 한국 선교사의 좋은 동반자가 되기도 했다. 구(舊)소련에 의해 북간도에서부터 시베리아와 중앙아시아로 흩어졌던 고려인들도 한국 선교사의 중요한 파트너였다. 나는 몽골 사역과 시베리아 여행에서 만난 많은 고려인들이 전해준 놀라운 간증으로, 하나님이 흩어진 이들을 얼마나 섬세하게 기억하고 계셨는지 깨달았다.

하나님께서는 다양한 방법으로 한국 민족을 세계에 흩으셨다. 한국 전쟁을 통해서, IMF라는 국제 금융 기구를 통해서, 경제 성장과 또 경제 위기를 통해서, 한국의 무너진 공교육과 부모들의 교육열과 유학 열풍, 영어 교육 바람, 그리고 최근의 청년 실업 현상, 그리고 한국 교회의 선교 열정을 통해서, 하나님은 지속적으로 한국인들을 세계 여러 나라로 보내고 계신다.

세계에서 가장 많은 나라에 퍼져 있는 민족이 한국 민족이라고 한다. 인도네시아에서 내가 언어를 배우는 국립대학교 인도네시아어 과정에 다수의 외국인이 교육을 받는데, 그중 절반을 넘는 압도적 다수가 한국인들이다. 그들이 흩어진 곳에 한인 교회가 세워진다. 그중 많은 교회들이 선교의 파트너가 되고 있다.

하나님께서 우리 한민족(韓民族)을 쓰시기 전에 우리를 흩으시는 것이다. 한국인들과 한국 교회와 세계에 흩어진 이민 교회가 그 섭리를 이해하고 새로이 눈뜰 수 있기를 소망한다. 하나님은 한국 교회에서 또 한 명의 아브라함을 찾고 계신다.

나그네 삶의 불편함

외국에서 나그네로 살 때 여러 가지 불편함을 경험하는 것은 당연하다. 특히 외국인의 삶을 힘들게 하는 것의 하나가 언어 장벽이다. 나도 미국에서 살 때 영어 표현이 자유롭지 못하다는 것 때문에 마음이 힘들어지곤 했다. 내가 원하는 표현을 마음껏 하지 못하는 것 때문에 마음에 맺힌 것들이 있었다.

미국에서 안식년을 보내고 있을 때, 텍사스 타일러 국제예수전도단(YWAM)에서 아주 인상 깊은 분의 말씀을 들은 적이 있었다. 이분은 조선족 여성 사역자였는데 학력으로는 초등학교도 다 마치지 못했다. 젊은 나이에 사역자로 부르심을 받아 교회를 개척했고, 개척한 교회가 3,000여 개에 이른다.

이분은 정규 교육을 받지 못했기 때문에 영어가 많이 서툴렀다. 그래서 말씀을 전할 때, 그 서툰 영어로 몇 문장을 이야기하면 그 분의 사역을 잘 알고 있는 미국 분이 옆에서 정확한 영어로 다시 설명해주었다. 영어를 영어로 통역하는 독특한 설교였다. 말씀이 끝나자 많은 미국 청년들이 그 여성 사역자에게 기도받기 위해 앞으로 쏟아져 나왔다.

그때 나는 다시 확인했다. 정말 중요한 것은 언어 능력이 아니라 내가 말할 수 있는 내용물이다. 내가 사역자로서 언어 능력을 가졌느냐보다 더 중요한 것은 내 안에 하나님으로부터 오는 능력과 그분이 주신 사랑이 있느냐이다. 내가 언어 때문에 절망하는 이유는 실은 내 안에 그 땅의 사람들에게 줄 것이 없기 때문일 수도 있다. 내 안에 채워진 것이 있으면 그것은 흘러나오게 되어 있다.

떠나는 삶이 주는 많은 영적 축복에도 불구하고 나그네 삶에서 느끼는 불편함, 낯선 것과의 조우, 불안감 등은 우리를 위축시킨다. 외국에서의 나그네 삶은 우리를 불편하고 두렵게 한다. 그곳에 아무리 익숙해져도 외국인은 외국인이다. 내국인과 동일한 법 적용이나 대우를 받기 어려운 경우들이 많다.

몽골 사람들은 외국인을 존중해주고 그들에게 친절한 편이다. 특히 한국인에 대해 우호적인 감정을 가지고 있다. 한국의 문화를 선호하고 또 한국에 갈 기회가 생기는 것을 큰 특권으로 이해한다. 하지만 그 속에서 현지인들과 이해관계가 얽히거나 분쟁이 발생하면 외국인이 일방적으로 당하거나 양보를 해야 하는 경우가 많다. 양보를 전제하며 살아가야 하기에 겪어야 하는 긴장감이 있다.

나그네 시기는 하나님이 우리를 다듬어 가기 좋은 환경을 제공한다. 특히 우리를 불편하게 하는 것과 마주치게 되면서 우리의 모습이 드러나고 깨지고 건드려지게 된다. 그래서 나그네 삶은 우리의 연약한 부분이 건드려지는 순간이고, 하나님을 더 찾고 의지하게 되는 삶이기도 하다.

나누고 흘려보내는 기쁨

몽골을 떠날 준비를 하는데 하나님께서는 주신 것들을 흘려보내고 이 땅을 떠나라는 마음을 주셨다. 실은 앞으로 선교센터를 운영할 필요에 대비해 작은 부지를 공동으로 구입해놓은 것이 있었는데 그것을 정리해야 했다.

하나님께 묻고 결정했어야 하는 부분이었는데, 학교에 관계된 아는 분을 통해 구입하게 되면서 묻지 않고 급하게 처리하는 실수를 범했던 것이다. 그 당시만 해도 내가 급하게 몽골을 떠나게 될 것이라는 생각을 하지 못했다. 계속 있을 것을 전제로 결정한 것들이 많았다. 이 부분에 대해 회개하는 시간들을 가졌다. 결국 내가 처리할 수 있는 부분만큼을 학교와 교회, 지방 선교를 위해 기증하는 형식으로 정리했다.

떠나는 순간은 결산하는 순간이기도 하다. 우리가 결산할 수 있는 기회가 많을수록 우리의 삶의 자세가 더 온전해질 수 있겠다는 생각을 한다. 잦은 떠남을 통해서 우리는 당분간 안 쓰게 될 물건들을 빨리 다른 사람들에게 흘려보내는 지혜를 배운다. 그것이 떠나는 발걸음을 가볍게 한다.

책과 옷가지 그리고 아이들 물건을 비행기에 싣고 갈 수 있는 만큼만 남기고, 숟가락 하나까지도 주변의 선교사들에게 나누어 주려고 품목 리스트를 만들었다. 떠나기 전 날, 물건들이 빠져서 횅해진 방에서 아이들과 잠을 자는데 둘째 아이가 말했다.

"아빠, 우리가 점점 가난해지고 있는 것 같아요."

나누어 주고 떠나는 과정이 특히 아이들에게 불안감을 주었다는 것을 깨달았다. 아이들은 아이들 나름대로 자신이 애착을 느끼고 붙들고 있던 것들과 정리하는 시간을 보내야 했다. 아울러 자신의 것들을 나누어 주면 다시 우리의 필요를 따라서 하나님께서 우리의 빈손에 하나씩 채워주신다는 것도 배울 필요가 있었다.

하나님의 공급하심을 경험하는 삶

나그네는 하나님께서 공급해주시는 것을 경험하는 삶을 산다. 경제적으로 약자의 상황에 놓이기 때문에 하나님이 그분을 신뢰하는 백성들을 어떻게 먹이고 입히시는지 더 잘 경험할 수 있는 환경이다. 몽골에서 주신 것들을 나누고 애틀랜타에 간 우리 가족은 그곳에서 다시 한 번 하나님의 예비하심을 누릴 수 있었다.

애틀랜타연합장로교회 목사님의 도움으로 어느 장로님이 소유한 저택을 저렴하게 임대할 수 있었다. 가구와 살림살이를 구하는 일에 대해 마음에 적지 않은 부담이 있었는데, 그곳 성도님들이 사용하지 않는 물건들을 보내주시고 또 선물해주셔서 필요한 대부분의 것들이 필요한 때에 공급되는 은혜를 경험했다. 아이들도 이 과정을 보면서 우리가 하나님을 신뢰하며 나아갈 때, 그분께서 얼마나 세심하게 우리를 돌보시는지를 경험할 수 있었다.

그곳에서 1년간의 안식년을 마치고 인도네시아라는 새로운 사역지로 부르심을 받게 되었다. 그 땅에서도 동일하게 하나님께서 예비하신 공급을 지속적으로 경험하게 된다. 내 것을 하나님께 맡길 때 하나님 것이 내 것이 된다는 사실을 온 가족이 함께 고백하며 나아가고 있다.

인도네시아 자카르타에 들어올 때는 몽골에서 함께 지냈던 몇 가정이 팀으로 들어와서 함께 이사해야 했기에 많은 살림살이가 필요했다. 교회에서 여러 분들이 집에 묵혀 두었던 것들을 융통해주셔서 우리의 필요가 채워질 수 있었다. 아파트 임대 사업을 하시는 한 집사님이 아파트

세입자들로부터 가구가 오래되었으니 교체해달라는 요청을 받은 후, 가구를 새 것으로 교체하면서 기존 것들을 우리에게 보내주었다.

결혼하자마자 몽골에 가서 5년간 사역하고 인도네시아 사역에 합류한 한 젊은 사역자의 부인이, 그렇게 해서 받은 냉장고를 보며 행복해 했다.

"양문형 냉장고는 여기 와서 처음 써보네요."

어떤 사람에게는 오래 써서 불평거리가 되는 냉장고가 어떤 사람에게는 하나님의 사랑과 공급의 표현이 될 수도 있다.

쓰던 것을 주어서 미안하다고 하는 분들에게 나는 이렇게 이야기한다.

"우리가 아무리 좋은 것을 사도 그 기쁨이 두 달 가기가 어렵습니다. 그런데 하나님께 도움을 구하고 있다가 우리가 꼭 필요로 하던 것을 받게 되면 그 기쁨은 아주 오래갑니다. 그것을 볼 때마다 우리의 필요를 채우시는 하나님의 배려와 돌보심을 생각할 수 있지요. 우리의 필요를 하나님께 맡기는 삶이 주는 축복이 있습니다. 그리고 그 일에 통로가 되어주신 것에 감사하는 마음이 있습니다."

내 것을 다른 사람의 필요를 위해 나누고 또 다른 분들에게 나의 필요를 의지하는 삶이 주는 영적인 도전이 있다. 그리고 하나님의 공급을 기대하며 나아가는 삶에 부어주시는 흥분이 우리에게 있다. 우리는 작은 나눔을 통해서도 큰 기쁨을 누릴 수 있다.

하나님이 허락한 안식을 누리는 시간

나그네 삶이 주는 유익이 있다. 익숙한 환경에서 벗어나 새로운 것을 보고 느낄 수 있다는 것이다. 그 과정에서 자신이 더 넓어지고 사람과 문화에 대한 이해의 폭이 더 커질 수 있다. 물론 이러한 유익을 얻고 누리는 과정에 수반되어야 할 것이 자신의 옛 생각과 옛 가치관을 깨는 불편함이다. 그 때문에 자칫 자신을 둘러싼 환경을 불편해 하고 현지 문화를 경시하고 자신의 옛 습관과 문화 고수하기를 고집하고 자신의 옛 생활을 그리워하는 사람에게 나그네의 삶은 상처투성이 삶이 된다.

우리 가정은 몽골을 떠나 미국의 동남부라는 새로운 환경 속으로 들어가게 되었다. 미국은 주(州)마다 주민들의 삶의 방식이나 문화와 가치관이 다르다. 특별히 내가 살았던 동북부와 동남부는 같은 헌법과 언어를 가지고 있지만 전혀 다른 국가라고 할 수 있을 정도로 삶의 방식이나 제도에 있어서 다른 부분이 많았다. 조지아 주는 내가 기존에 살았던 지역과는 다른 제도를 가지고 있어서 새로 적응해야 하는 것이 많았다.

애틀랜타에 도착해서 아내가 세어보니 이번이 결혼생활 15년동안 아홉 번째 이사였다. 적어도 여러 달을 살며 정착하는 과정을 겪은 이사만을 포함시킨 것이다. 대부분 나라와 주와 도시를 바꿔 다니는 큰 이사였다. 그리고 앞으로도 여러 번의 이사가 우리를 기다리고 있을 것이 분명했다. 전에는 아내가 혼자 짐을 싸지 못했다. 짐들 중 어떤 것들을 어떻게 싸야 할지 막막해 할 때가 많았다. 하지만 아내도 나도 이제는 이삿짐 싸는 일에 적응이 되어갔다.

이 땅에서 우리가 무엇을 하며 지내야 할지 결정된 것이 없었다. 예전에 가지고 있던 명함은 어느새 쓸모없는 것이 되어버렸다. 누가 여기에서 무엇을 하고 지낼 것이냐고 물으면 책 쓰러 왔다는 것 외에 딱히 대답할 말이 없었다. 내가 6개월 뒤에 무엇을 하게 될지도 알지 못했다. 하지만 아내와 나는 이런 삶 속에서 기대감으로 평안할 수 있었다. 우리 삶의 목표가 무엇을 이루는 것이 아니라 하나님을 누리는 것이 되었기 때문이다.

우리가 어떤 상황에 처해 있든지 간에 우리는 하나님을 누리는 것이 가능하다. 하나님이 주신 약속이 있고 그분의 신실함이 우리를 향해 있다는 것을 고백하는 것만으로도 우리는 이곳에서의 생활을 모처럼 가족을 위해 허락하신 특별한 쉼의 시간으로 받아들일 수 있었다. 어차피 내 삶에 대한 하나님의 계획 중 언젠가는 정신없이 바쁜 시간을 지나게 될 것을 알기 때문이다.

현대 한국 사회를 살아가는 대다수의 사람들은 지금 당장 할 일이 생각나지 않거나 아무도 불러주지 않는 시간을 맞을 때 매우 불안해 한다. 적극적인 안식은 믿음과 깊은 연관이 있다. 믿음이 없이는 적극적으로 평안하게 쉬지 못하기 때문이다. 이것은 게으름을 즐기거나 나태에 빠지는 것과는 다른 것이다.

하나님께서는 광야생활 동안에 이스라엘 백성에게 안식의 의미를 가르쳐주기 원하셨다. 내가 사역에서 배운 것은 열심히 일하고 쉬는 것이라기보다는 열심히 쉬고 나서 일하는 것이다. 우리가 믿음을 가지고 있다면 실직으로 쉬어야 하는 때에 그 시간을 적극적으로 안식하는 시간으로 쓸 수 있을 것이다.

나는 너를 이곳에 나그네로 불렀다!

도착해보니 조지아 주에서 몇 년 전에 '반이민법'이 제정되어서 외국인의 생활에 여러 가지 규제와 불편이 있었다. 한 예로 아내가 운전면허증을 발급받기 위해 면허등록기관을 5번 이상 방문하고 40일이나 기다려야 했다. 아내가 다른 주에서 가지고 있던 면허증을 분실했고 면허증 번호도 모르는 상황에서 새 면허를 발급받으려 했는데, 면허증 발급 기관의 행정적 미숙함과 또 다른 주의 면허 기록 담당자들이 서로 다른 법 적용을 하는 등 많은 우여곡절을 겪어야 했다. 더군다나 아내가 전에 미국에서 공부할 때는 미국 관례대로 남편 성(姓)을 따서 자신의 성으로 했다가 후에 본인 성을 다시 사용하기로 결정했기 때문에 문제가 더 꼬이고 복잡해진 부분이 있었다.

이 과정에서 그곳에서 일하는 사람들의 나 몰라라 하는 불친절과 외국인에 대한 법적인 배려가 약한 것을 보고 속상한 순간이 있었다. 미국의 다른 주에서도 살아보았지만 그곳에서는 경험해보지 않은 상황이었기에 조지아 주에서의 이번 경험이 좀 더 충격적으로 다가왔다.

아내와 함께 면허증 서류 제출을 위해 긴 줄을 40분 이상 기다리면서 하나님께 하소연했다.

"하나님, 그동안 이런 일들은 기도하지 않았어도 하나님께서 효율적으로 시간을 쓸 수 있도록 예비해주셨던 것을 기억합니다. 여태까지 이곳에 정착하면서 하나님께서 예비해주신 놀라운 은혜들을 경험했습니다. 그런데 이번 일만큼은 쉽게 갈 수 있는 기회도 있었는데 일이 계속 꼬이고 뒤틀리는 것을 봅니다. 하나님, 이 과정에서 제가 배워야 할 것이 있는지요?"

잠시 침묵하며 하나님을 기다리는 동안 내 안에 이런 답이 떠올랐다.

"나는 너를 이곳에 나그네로 불렀단다. 나는 네가 이곳에서 나그네의 심정에 대해 좀 더 느끼고 그 마음으로 내가 보낼 그 땅에 가기를 원한다."

나는 하나님께서 우리 가정을 계속 새로운 땅으로 보내시는 이유 중에는 나그네 삶에 대해 깊이 느끼고 새롭게 조망하게 하기 위함도 있다는 사실을 깨달았다.

나의 본향

가족들과 미국 애틀랜타에 머물러 있던 중 열흘간 한국과 인도네시아를 사역차 방문했었다. 인도네시아에서의 일정을 마무리하고 공항으로 가는 길이었다. 이제 집으로 간다는 생각을 하니 가슴이 설레었다. 그런데 문득 내 집이 어디인지 잠시 헷갈렸다.

'한국? 몽골? 아니 지금 내가 어디로 가야 하는 거지? 음, 먼저 한국으로 가서 거기서 애틀랜타로 가는 비행기를 타야 하지.'

잠시 내가 어디에서 어디로 가고 있는지 정리하던 중 '어디가 내 집인가?' 하는 질문이 떠올랐다. 나그네 생활이라는 것은 내가 잠시 거주하는 곳만 있을 뿐 앞으로 어디에서 거주하게 될지 아직 알지 못한다는 것이다. 그 질문에 대해 내가 내린 결론은 나의 아내가 기다리는 곳, 그곳이 어디든 내 집이라는 것이었다. 내가 찾아가는 대상은 집이 아니라 집에서 기다리는 아내였다. 아내가 어디 있든지 그곳이 내 집이고 고향이라는 생각이 들었다.

더 나아가 영적으로는 하나님의 마음이 나의 진정한 고향이 된다. 나는 그곳이 내 마음이 궁극적으로 머물 곳이고 그 안에서만이 내가 안식할 수 있음을 고백했다. 아브라함을 떠나게 하신 하나님의 궁극적인 목적은 그가 하나님의 마음을 찾고 그것을 누리게 하심이 아닐까? 나그네 신분이던 아브라함이 가나안 땅에서 주인처럼 살 수 있었던 이유는 그가 하나님의 마음 안에 거했기 때문일 것이다.

CHAPTER 02
약속의 땅으로
믿음의 번지점프할 때

믿음의 번지점프

　아브라함의 떠남의 여정은 우리가 하나님과 관계 맺는 출발점에 대해 시사해주는 것이 많다. 나는 신앙생활을 '번지점프'에 비유해서 설명하곤 한다. 신앙생활이 번지점프와 유사한 점이 몇 가지 있다. 외국의 주요 관광지에는 계곡이나 높은 다리에서 몸통이나 발목 등에 줄을 묶고 뛰어내리는 번지점프 시설이 있다. 보기에도 절벽에서 뛰어내리는 것 자체가 굉장한 스릴과 긴장감을 준다.

　그런데 번지점프를 해본 사람의 말을 빌리자면, 번지점프를 하면서 가장 오싹했던 순간이 뛰어내려 밑으로 곤두박질칠 때가 아니라고 한다. 자신의 몸을 묶고 있는 줄이 끝까지 다 펴진 다음 그 줄의 탄성 때문에 몸이 다시 허공으로 들려 올려지는 순간이 있는데, 그때 말할 수 없는 두려움에 사로잡힌다고 한다.

중력에 의해 아래로만 향하던 몸이 어느 순간 새로운 힘에 이끌려 자신이 그 방향을 제어하지도 예측하지도 못하는 상태로 어디론가 튀어 오를 때 느끼는 두려움이 자신을 압도했다는 말이다. 그것이 떨어질 때의 두려움보다 훨씬 컸다고 한다. 그러다가 다시 떨어지고 튀어 오르는 것을 몇 번 반복하다가 마침내 몸이 멈추게 된다. 어쩌면 이 번지점프의 경험이 갈 바를 알지 못하고 떠나야 하는 사람의 삶을 잘 설명해주는 듯하다.

한국에 잠시 귀국했을 때, 교회 안에서 미래에 대한 불안감으로 버거워하고 두려워하는 신자들을 만난 적이 있었다. 나는 '이분들이 왜 이렇게 위축되어 있을까?' 하는 생각을 해보았다.

많은 분들이 번지점프대 위에 올라가서 완전무장을 하고, 번지점프의 실제에 대한 이론 교육을 여러 차례 받는다. 장비는 최신이고, 복장도 훌륭하고, 강의도 기초 원리에 충실했다. 문제는 어느 누구 하나 자신이 배운 것을 확인하기 위해 뛰어내리고 싶어 하지 않는다는 것이다.

그러다가 간혹 누구 하나가 뛰어내리는 것을 보면 환호하고 부러워하며 그 사람이 느낄 스릴에 대해 상상하면서 "와, 굉장하겠는데!" 하고 의견을 교환한다. 몇 사람의 신앙 영웅들에게 환호하고, 그들의 이야기로 대리 만족을 느낀다.

그러던 중 어떤 사람은 '모험을 좀 해볼까?' 하고 마음먹기도 할 것이다. 그 사람은 다리 한 쪽을 점프대 위에 올려놓고, 한 쪽 다리를 허공에 든 다음 주위 사람들에게 자기를 봐달라고 한다. 그러면 보는 사람들은 "어, 제법이네. 무섭겠다. 상당한 용기야"라고 반응할 것이다. 그런데 만약 누군가가 도와주겠다고 달려들어 뒤에서 밀어주려고 하면 그는 어떻게 반응할까? 그 순간 밀어준 사람에게 고마워하며 뛰어내릴 수 있을까?

오히려 움츠리고 뒤로 물러서며 소리칠 것이다.

"야, 장난치지 마. 떨어질 뻔했잖아."

실은 뛰어내리는 일에는 다른 사람의 도움이 필요 없다. 다리 한 쪽을 번지점프대에 대고 있다는 것은 그가 아예 처음부터 떨어질 생각이 없었다는 것이다. 갖춰 입은 장비나 기본기에 충실한 강의도 그 순간에는 아무 의미가 없다.

이에 관해 예수님은 이렇게 말씀하셨다.

> 집 하인이 두 주인을 섬길 수 없나니
> 혹 이를 미워하고 저를 사랑하거나
> 혹 이를 중히 여기고 저를 경히 여길 것임이라
> 너희는 하나님과 재물을 겸하여 섬길 수 없느니라
> 누가복음 16:13

이 말은 두 주인을 섬기면 안 된다는 것이 아니다. 그건 처음부터 불가능한 일이란 뜻이다. 한 쪽 다리를 땅에 대고 있는 이상 떨어질 생각이 없는 것처럼 세상에 한 쪽 다리를 딛고 있다는 것은 처음부터 하나님과 같이 갈 생각이 없다는 고백이다.

"난 떨어질 수가 없어요. 당신을 못 믿어요."

이것이 내면 깊숙한 곳에 있는 신앙고백이다.

믿고 떨어지는 믿음

우리 집의 셋째는 움직임도 무척 많고 에너지가 넘치는 아이다. 한 번은 놀려주는 의미로 시험 삼아 아이를 높이 들어 올렸다가 죽 내리면서 아이를 내 무릎 높이에서 받아보았다.

그런데 아이가 내 바짓가랑이를 잡고 "또, 또, 또" 그러는 것이다.

"이거 더 하고 싶어?"

아이는 고개를 끄덕거렸다. 나는 의아해 하며 다시 물었다.

"그래? 진짜?"

나는 아이를 다시 내 머리 위로 들어 올리면서 아이의 반응을 살펴보았다. 다시 들어 올렸다가 내리는데 아이가 그 순간 이것을 놀이로 이해하고 즐기고 있다는 것을 깨달았다. 아이는 떨어지는 순간 눈을 질끈 감았다. 순간 오싹한 느낌은 있었겠지만 입가에는 웃음이 가득했다.

이렇게 웃을 수 있는 이유는 아빠가 누구인지 알기 때문이다. 아빠가 나를 어떻게 해서든 받아내줄 것이라는 확신이 있기 때문이다. 물론 한 순간 무서운 느낌은 있지만, 그 순간조차 즐길 수 있게 되는 것이다. 그것이 아이와 아빠 사이의 관계 형성 놀이가 되는 것이다.

그런데 만약 아이가 얼굴을 모르는 한 우락부락한 사람이 와서 아이를 확 들었다 놓는다면 어떤 반응이 나올까? 그땐 아마 아이가 울며 도망치려고 할 것이다. 그 사람과 신뢰 관계가 맺어지기 전까지는 아이는 두려움을 느낄 것이다. 우리가 미래에 대해 두려워하며 울고 있는 이유가 무엇일까? 우리가 하나님과 관계 맺는 데 실패했기 때문이다.

나를 나의 높은 곳에 세우시며

나는 영적인 번지점프를 몇 차례 해본 경험이 있다. 내 인생을 순전히 하나님께 맡기고 번지점프 하듯이 내 삶을 하나님이 받으시는 손에 맡겨 본 것이다.

그 후 시간이 지나서 깨닫게 된 것이 있었는데, 영적인 번지점프가 이 세상의 번지점프와 다르다는 것이다. 영적인 번지점프의 경우에, 시간이 흐른 뒤 내 자신이 당시 뛰어내렸던 그 자리를 위에서 조망하게 된 것이다. 물론 이때 영적인 건강함을 유지하기 위해서는 그 다음에 또 떨어질 준비를 해야 한다.

나도 영적인 번지점프를 한 지 얼마 되지 않아 하나님의 인도하심에 나를 맡긴 채 다시 곤두박질치게 되었다. 한참 후에 보니 그때도 역시 내가 번지점프 장소를 위에서 내려다보고 있었다.

그때 생각나는 성경 구절이 있었다.

> 나의 발을 암사슴 발 같게 하시며
> 나를 나의 '높은 곳'에 세우시며
>
> 시편 18:33

이 말씀에서 '높은 곳'이란 높은 지위를 말하는 것은 아닌 듯하다. 높은 곳이란 아래를 조망할 수 있는 곳이다. 위에서 내려다보면 적(敵)의 움직임을 사전에 포착하거나 풀밭이나 물을 찾기에 용이하다. 높은 곳을 다닌다는 표현은 영적으로 고양된 상태, 위협이나 두려움을 넘어서는 안정된 상태를 의미하는 것이다. 나는 아래로 뛰어내렸지만 영적으로는 높은 곳에 올라 아래의 움직임이나 상태를 조망할 수 있게 되는 것이다.

성경에는 하나님께서 사용하셨던 많은 인물들이 영적인 번지점프를 통해 하나님께 쓰임 받으며, 영적으로 높은 자리에 오른 예를 볼 수 있다. 야곱의 아들 요셉의 경우, 하나님이 쓰기로 결정하셨기에 하나님이 그를 몇 차례의 번지점프로 어려운 상황에 밀어 넣으신 것을 볼 수 있다. 형들은 요셉을 구덩이에 빠뜨리고 난 뒤 그를 미디안 상인들에게 팔았고, 그 상인들이 요셉을 애굽으로 데려가 바로의 친위대장 보디발에게 팔았다. 그런데 하나님께서 요셉을 형통하게 하셔서 그는 보디발의 가정 총무라는 자리에 올라간다.

이제 어느 정도 지위를 얻고 안정되었다 싶은 그 순간, 요셉은 다시 더 깊은 수렁으로 곤두박질쳤고, 결국 감옥에 갇히는 신세가 된다. 하지만 인생의 가장 어두운 자리로 내려간 그가 그 다음에는 어느 누구도 건드리거나 음해할 수 없는 위치인 총리대신의 자리까지 올라간다.

다윗의 삶도 그러했다. 왕위에 오르기 전 그에게도 몇 차례의 번지점 프가 있었다.

영적 번지점프 해본 자의 특권

내가 몽골에서 사역하던 초창기에 마음이 힘들 때면 유학 시절 찰스 강변을 거닐며 바라보던 풍경이 떠오르곤 했다. 그곳의 아름다운 자연환경이 그리웠던 것 같다. 그리고 약 5년이 지나서 보스턴 땅을 다시 밟게 되었다. 하버드대학의 건물과 주변 지역들의 모든 것이 변함없이 그대로 있었다. 건물 하나 더 생긴 것 외에는 찰스 강변에서 바라보는 모습도 그대로였다.

그런데 막상 그 강변에 가보니 그곳이 너무 작게 여겨졌다. 그리고 그 안에 머물러 있는 나를 상상해보니 갑갑하게 느껴지기까지 했다. 그곳에 나 자신을 담아두기에 내가 훌쩍 커버린 느낌이었다.

이미 내 안에 영적인 새로운 시각과 가치관이 자라나 전에는 미처 생각하지 못한 고백이 가슴 속에서 흘러나왔다.

"하나님, 저를 이곳에 가둬두시지 않아 정말 감사합니다. 저는 이제 이곳에 갇혀 있을 수 없는 사람이 되어버렸네요."

내가 머물고 싶었던 그 땅에 머물러 있어서는 안 되는 이유를 알 수 있었다. 하나님께서는 내가 영적으로 더 성장하기를 원하셨고 그래서 그곳을 떠나도록 이끄셨던 것이다.

인도네시아로 들어가기 전, 한국에 들렀을 때 많은 사람들을 위로하고 권면하며 그들을 위해 기도하다가 문득 의아하다는 생각이 들었다. 내가 위로해주어야 할 사람들이 대체로 다른 사람들이 부러워하는 지위나 직업을 가지고 있고 삶의 큰 성과를 낸 것처럼 보이는 사람들이었기 때문이다.

그런데 몽골이라는 불편한 환경에서 이리저리 치이며 살아본 사람이 오히려 한국에서 소위 많은 것을 가진 것 같고 좀 더 편안한 삶을 사는 듯해 보이는 사람들에게 위로하고 가르쳐줄 것이 많다는 사실을 깨달았다. 번지점프를 경험한 사람이 누리는 특권일 것이다.

온전히 맡겨드림

미국에 안식년차 들어가기 전, 오래 전부터 말씀 집회를 요청했던 교회들을 중심으로 집회를 갖던 중 아내와 함께 괌에 있는 한 한인 교회를 방문했다. 그곳 교회에서 우리를 차로 태워다주는 일로 섬기시던 한 집사님과 대화할 기회가 있었는데, 그 분은 스킨 스쿠버 다이빙에 심취해 주말에 시간을 내서 자격증 코스를 밟는 중이라고 하셨다. 그 집사님은 자신의 교회에 집회를 오시는 목사님이나 강사 분들을 설득해서 함께 바다 속에 들어가본 이야기를 하며, 우리에게도 스킨 스쿠버 다이빙을 해볼 것을 제안하셨다.

나는 집회에 집중하고 싶은 마음에 선뜻 제안을 받아들이지 못했는데 아내가 해보겠다고 덜컥 수락해버렸다. 늘 안정지향적이고 조심성 있는 아내가 그렇게 반응한 것이 의외였다. 아내에게서 나중에 듣게 된 이야기로는, 남편이 사역 후에 가지고 오는 모험담에 대해 주로 듣기만 하다보니 자신도 믿음의 모험에 자신을 맡기는 기회가 있으면 좋겠다는 생각을 했었다고 한다.

또한 아내가 하나님의 은혜의 바다에 대해 한동안 묵상하고 있었기에 바다 속에 들어갈 수 있도록 도와주겠다는 집사님의 제안이 마치 하나님께서 자신을 초청해주시는 것 같은 느낌이 들었다는 것이다. 그래서 자신의 안전지대에서 벗어나 새로운 도전을 하기로 결심한 것이다.

그렇지만 나는 바다 속에 들어가는 것에 대해 강한 부담을 느꼈다. 한번은 바람 부는 날, 바다에서 스노클링을 하다가 스르르 파도에 밀려 생명을 잃을 뻔한 적이 있었다. 수영을 할 줄 알았지만 바람 부는 바다에서의 수영은 만만치 않았다. 스노클 입구로 바닷물이 들어오면서 숨이 차오르던 순간, 감사하게도 내 발밑에 바위가 걸리는 덕에 그 위에 발끝으로 서서 파도 위로 얼굴을 내고 숨을 고를 수 있었기에 살 수 있었다. 그때 이후로 나는 바다에 들어가는 것이 기껍지 않았다. 하지만 수영이 서툰 아내만 혼자 바다 속에 들어가게 하는 것이 마음이 놓이지 않아 하는 수없이 같이 잠수해 들어가기로 했다.

그런데 산소통을 메고 마우스피스를 입에 대는 순간 긴장하기도 했고 또 비위가 약한 탓에 토기가 올라오며 위경련이 이는 것 같았다. 아무래도 물속에 들어가는 것은 무리라고 느껴졌다. 그 집사님도 실제로 같이 다이빙해 들어간 많은 초보자들이 물속에서 어려움을 겪는다는 이야기를 했다. 사람들은 공포심이 들기 시작하면 마우스피스를 빼버리기도 하고, 숨이 가빠져 급하게 물위로 올라가려고 버둥거리다 갑작스러운 기압 차로 곤란을 겪는 등 위험한 일이 발생한다는 것이다.

하지만 걱정하는 표정의 아내를 보는 순간 나는 다른 방법이 없음을 깨달았다. 나는 하나님께 기도했다.

"하나님, 이 모든 과정 가운데 당신의 지키시는 손길을 의지합니다. 내 옆에 계신 분들을 통해서 나를 지키실 것을 신뢰합니다."

기도를 마치자 놀랍게도 토기가 멈추고 가슴 두근거리는 것이 잦아들었다. 믿음은 내 육체를 다스리는 능력이 있었다. 그리고 바다 속에 편안히 들어갈 수 있었다.

나중에 아내도 내게 이렇게 말했다.

"물속에 들어가기 전 두려움이 찾아왔어요. 그때 나를 이끄시는 이분들의 손을 통해 하나님께서 나를 인도해주시도록 기도하면서 그분 손에 나를 완전히 의탁했어요. 그러자 마음이 편안해졌어요."

아내와 나는 각자 가이드의 손을 의지하고 잠수해 들어갔다. 보통 초보자들은 급하게 숨을 들이쉬느라고 30분 만에 산소통의 산소가 바닥나는 경우가 많다고 한다. 하지만 우리는 거의 1시간가량을 유영하며 바다 속의 아름다움을 만끽할 수 있었다.

바다 속은 새로운 세계였다. 그 세계에는 그 속에 들어온 사람들만 누릴 수 있는 아름다움이 있었다. 어쩌면 믿음의 세계도 이와 같다는 생각을 했다. 온전히 맡겨야 경험할 수 있는 영역이다. 나를 하나님께 온전히 내어

맡기는 번지점프가 새로운 믿음의 세계로 들어가는 관문이 된다.

인도네시아 땅으로의 번지점프

몽골에서의 사역을 정리하고 있던 2011년 초, 범아시아 아프리카 대학연합회(Pan Asia & Africa Universities Association, 이하 PAUA)에서 강사로 섬기던 어느 날이었다.

인도네시아의 자카르타 한인연합장로교회의 담임목사인 김학진 목사님과 이호덕 장로님을 그 집회에서 만나게 되었다. 그리고 인도네시아에 대학 세우는 일과 관련해서 의논하고 싶은 부분이 있으니 인도네시아에서 봤으면 좋겠다는 요청을 하셨다.

당시에 나는 또다시 대학 사역을 하거나 새로 대학을 세우는 사역에는 그다지 관심이 없었다. 영혼을 직접 만나고 구원하는 일이 개인적으로 더 보람과 매력이 있는 일이라 생각되었다. 또한 대학을 새로 시작하는 데 들어가는 에너지와 수고가 어느 정도인지 알고 있기에 그 요청이 부담스럽게 다가왔다.

그러다 기도하던 중 여름에 몽골에서 철수한 후 인도네시아에 한번 들르겠노라고 말씀을 드렸다. 그리고 그 해 7월, 자카르타 한인연합장로교회로 집회를 다녀오게 됐다. 하나님께서 그곳에서 혹시 어떤 말씀을 주실지 몰라 정탐의 의미로 가족들과 함께 갔다.

실은 그때의 집회가 한인연합장로교회에서 가진 두 번째 집회였다. 전임목사이신 고(故) 서만수 목사님의 담임목사 시절, 교회의 초청으로 부흥 집회를 섬긴 적이 있었다. 그 교회는 인도네시아의 한인 1호 선교사인 서만수 목사님께서 (집회 당시 기준으로) 35년 전 한인 사역을 위해 개척하신 교회이다.

 서 목사님께서는 인도네시아에 신학교를 세워서 현지인 목회자를 양성하고, 각 지역에 많은 교회를 개척하는 일을 지원하셨다. 그 후 일반 대학 설립을 꿈꾸며 부지를 마련하는 등 준비 작업을 하시던 중 하늘나라로 부르심을 받았다.

 그리고 미국의 한인 1.5세 목회자로, 사랑의교회에서 행정 목사로 사역하셨던 김학진 목사님께서 그곳에 부임해 가시게 되었다. 김 목사님은 전임 목사님의 유지를 잇되, 대학 사역을 교회의 사역이 아닌 연합 사역의 토대 위로 가져가기를 바라셨다. 대학 사역은 본질상 한 교회가 책임지기 어려운 사역이기 때문에 외부 팀들이 와서 사역을 주도하고 자카르타 교회는 그들이 다양한 교회와 단체들과 연합 사역을 할 수 있도록 도와주는 사역을 감당하는 것이 좋겠다는 생각으로 기도하고 그 일의 적임자를 놓고 기도하던 중 내 생각이 났다고 한다.

 자카르타에서 말씀을 전하면서 교회가 확보한 대학 부지도 방문해보았다. 대학 부지는 자카르타 근교에 대규모로 개발되는 신도시의 상업 지구에 위치해 있었는데, 고속도로 초입에서 멀지 않은 곳에 있는 등 입지 조건이 좋아 보였다. 물론 부지 확보는 그저 첫 단추에 불과할 뿐이다.

 감사하게도 자카르타의 교회 쪽에서는 어떤 식으로든 내가 바라고 그리는 그림대로 옆에서 사역을 도울 수 있도록 모든 것을 맡기겠다고 약속해주셨다. 그렇지만 나에게 중요한 것은 "내가 인도네시아로 가야 합니까?"와 "왜 그 일이어야 합니까?"라는 질문에 대한 주님의 답을 기다리는 것이었다. 대학 설립 사역을 담당해달라는 요청에 나는 그저 시간을 두고 진지하게 기도해보겠다고 답할 수밖에 없었다.

새로 학교를 시작하는 일은 너무나 버거운 사역이다. 몽골에서 눈물로 씨름한 수많은 시간들을 돌이켜보니 더 내키지 않았다.

준비되는 시간

희생의 제물이 되어 제단에 드려지는 어린 양의 사역, 더욱이 새로운 땅에서 새로운 환경과 언어와 문화에 적응해가며 그 일을 해야 한다. 나는 누군가를 추천하고 물러서는 것이 맞을 수도 있겠다는 생각을 했다. 때로는 경험이 있다는 것이 꼭 좋은 것만은 아닐 수 있다는 생각도 들었다.

앞으로의 어려움이 어떤 것인지 알기에 더 주저하는 나의 모습을 보게 되었다.

"내가 가야 한다면 가야 할 이유를 알려주십시오."

인도네시아에서 돌아와 미국으로 안식년에 들어갈 준비를 하면서 이렇게 기도의 내용이 바뀌어가는 것을 느꼈다. 우리 가정을 위해 중보기도 하시는 분들께 기도 부탁을 드렸다. 놀랍게도 모두로부터 온 응답이 "이 사역을 위해 예비된 것이 있다" 또는 "이 사역을 위해 너를 준비시켰다"라는 것이었다.

결국 내가 직접 기도하고 응답 받는 시간이 필요함을 깨달았다. 중보자들이 기도해준 또 다른 내용은 미국에 가 있는 시간도 이 사역을 위한 준비 기간이라는 것이었다. 그러나 나는 그 준비가 무엇인지 전혀 감을 잡을 수 없었다.

하나님께 한 가지를 구한 것이 있었다.

"이 일이 하나님이 예비하신 일이 맞다면 제게 함께 갈 사람을 붙여 주십시오. 단, 몽골국제대학교에서 현재 일하고 있는 사람은 초청하지 않겠습니다."

기도를 하면서 새로운 사역에 대한 기대가 조금씩 솟아나는 것을 느꼈다.

마침 하나님께서 한 사람을 생각나게 하셨다. 몽골국제대학교에서 아름답게 섬기다가 다른 선교 단체에 스카우트되어서 몽골의 제2의 도시 다르항에서 사역하고 있던 형제였다. 마침 그가 하던 사역도 도시의 정치적 관계가 얽히면서 중단되는 상황이 발생했고, 다음 행보를 놓고 어디로 가야 할지 기도하고 있던 중이었다.

나는 인도네시아 사역에 대해서 기도하고 있다고 나누며 혹시 가게 되면 같이 갈 생각이 있냐고 물었다.

그는 다음 날 흔쾌히 답했다.

"이 부분이라면 기도하지 않고서도 답을 드릴 수 있을 것 같습니다."

하지만 그의 긍정적인 답변에도 불구하고 나에게 여전히 부르심에 대해 확증이 없자 나는 이 일을 놓고 하나님께 또 한 번의 사인(sign)을 구했다.

내 삶을 던지라는 도전

시간이 흘러 2011년도 12월의 끝자락을 향하고 있을 때였다. 샌디에이고에서 열리는 청년 선교를 위한 컨퍼런스에 말씀을 전하러 가기로 오래 전에 약속이 되어 있었다.

집회차 떠나는 중 기도하는데 하나님께서 이런 마음을 주셨다.

"너는 그곳에 강사의 마음으로 가지 말고 말씀을 듣는 사람의 입장으로 가라."

그 집회에서 내게 주어진 시간은 30분 남짓이었다. 그 30분을 위해 가족과 떨어져서, 그것도 연말에 3일 동안 혼자 시간을 보내야 하는 것이 낭비처럼 여겨졌다.

"하나님, 왠지 제가 시간을 허비하는 느낌입니다."

하나님은 마음으로 이런 감동을 주셨다.

"네가 여기에서 들을 것이 있다."

저녁 집회는 프랜시스 챈(Francis Chan) 목사님이 인도하셨다. 그런데 그 날 그가 선택한 성경 본문인 사무엘상 14장 6-15절 말씀이 내게 확대되어 다가왔다.

요나단이 자기의 무기를 든 소년에게 이르되
우리가 이 할례 받지 않은 자들에게로 건너가자
여호와께서 우리를 위하여 일하실까 하노라
여호와의 구원은 사람이 많고 적음에 달리지 아니하였느니라

무기를 든 자가 그에게 이르되

당신의 마음에 있는 대로 다 행하여 앞서 가소서

내가 당신과 마음을 같이 하여 따르리이다

요나단이 이르되

보라 우리가 그 사람들에게로 건너가서 그들에게 보이리니

그들이 만일 우리에게 이르기를

우리가 너희에게로 가기를 기다리라 하면

우리는 우리가 있는 곳에 가만히 서서 그들에게로 올라가지 말 것이요

그들이 만일 말하기를 우리에게로 올라오라 하면

우리가 올라갈 것은 여호와께서 그들을 우리 손에 넘기셨음이니

이것이 우리에게 표징이 되리라 하고

둘이 다 블레셋 사람들에게 보이매 블레셋 사람이 이르되

보라 히브리 사람이 그들이 숨었던 구멍에서 나온다 하고

그 부대 사람들이 요나단과 그의 무기를 든 자에게 이르되

우리에게로 올라오라 너희에게 보여 줄 것이 있느니라 한지라

요나단이 자기의 무기를 든 자에게 이르되 나를 따라 올라오라

여호와께서 그들을 이스라엘의 손에 넘기셨느니라 하고

요나단이 손발로 기어 올라갔고 그 무기를 든 자도 따랐더라

블레셋 사람들이 요나단 앞에서 엎드러지매

무기를 든 자가 따라가며 죽였으니

요나단과 그 무기를 든 자가 반나절 갈이 땅 안에서

> 처음으로 쳐 죽인 자가 이십 명 가량이라
> 들에 있는 진영과 모든 백성들이 공포에 떨었고
> 부대와 노략꾼들도 떨었으며 땅도 진동하였으니 이는 큰 떨림이었더라
>
> 사무엘상 14:6-15

사울 왕 당시, 요나단이 블레셋 수비대를 공격하자 블레셋 군대는 분노하며 이스라엘 지경을 공격해 들어왔다. 그 군대 수는 병거가 3만, 마병이 6천이었고, 보병은 수를 헤아리기 어려울 정도로 많았다. 사울 왕과 그를 따르던 이스라엘 백성은 두려워 떨었다. 급기야 사울 왕은 사무엘을 기다리지 못하고 그가 도착하기도 전에 여호와께 제사를 드렸다.

이로 인해 사울은 사무엘을 통한 하나님의 축복을 받지 못하고 오히려 강한 책망을 듣게 되었다. 사무엘은 돌아가버리고 혼자 남은 사울에게는 고작 6백 명의 백성이 함께했을 뿐이었다. 그 백성들 중에는 쇠로 된 무기를 가진 자들도 거의 없었다. 이스라엘은 풍전등화의 상황이었다.

이때 요나단은 지리멸렬하여 흩어지고 있던 이스라엘 군대를 책망하면서 용감히 싸우러 가라고 독촉하지 않았다. 그가 택한 방법은 그저 적진을 향해 홀로 자신의 몸을 던지는 것이었다.

그는 자신의 무기를 들고 있던 시중에게 제안하며 말한다.

"우리 둘이 가서 공격하자. 여호와께서 우리를 위해 일하시면 승리할 수 있다."

요나단의 몸을 던지는 이 행위로 블레셋 군대에 동요가 일어나고 큰

떨림이 있게 된다. 그제야 비로소 주저하던 이스라엘 군대가 블레셋 군대를 공격하려고 움직이게 되었고, 큰 승리를 거두게 된다. 요나단 한 사람의 믿음이 영적으로 군사적으로 침체에 빠진 이스라엘에 구원을 안겨 주었다. 그러나 요나단은 하나님께서 함께하실 것이라는 확신을 받은 후에 움직인 것이 아니다. 자신이 몸을 던지면 혹 하나님께서 함께하실지도 모른다는 생각만으로도 그는 자신의 생명을 걸었다. 하나님의 반응하심을 기대하며, '어쩌면' 또는 영어로 'maybe', 이 단어만 가지고도 자신의 몸을 던지는 요나단의 행위를 주목하는 동안, 나는 이것이 하나님께서 내게 주시는 도전이라는 것을 알게 되었다.

요나단은 지리멸렬한 이스라엘 사람들을 끌어들인다고 싸움이 되는 것이 아니라는 것을 알았다. 그는 자기 주변에 지금 하나님이 붙여주신 사람과 함께, 그저 자신의 전부를 던질 때 하나님이 일하실 것을 기대했다. 그리고 그의 믿음대로 되었다.

내게 보여주시는 사역은 내가 하나님의 계획에 대해 자세히 알고 이해한 후에 선택하는 것이 아니라, 다 이해하지 못하지만 그저 그분의 인도하심 가운데 또 한 번 내 삶을 던지라는 도전으로 다가왔다. 나는 그 순간 "아멘"으로 반응했다.

또 한 번의 확증

그날 밤 그 집회에 오신 김하중 장로님과 식사하면서 대화하는 시간을 갖게 되었다. 나는 장로님께 조용히 요청을 드렸다.

"하나님께서 제가 이곳에서 들어야 될 말씀이 있다고 그러셨는데 한 번 기도해주시겠어요?"

나는 그 자리에서 잠시 기도해달라는 의미였는데 장로님은 따로 시간을 내어 기도하시기 위해 호텔 방으로 들어가셨다. 몇 시간 후 장로님을 숙소 앞에서 뵈었을 때 장로님은 내게 몇 가지를 물으셨다.

"어디로 떠나시나 봐요. 떠나보낸다고 하시네요."

"예, 실은 이번에 미국에 들어오면서 몽골 사역을 정리했습니다."

"어디로 보내신다고 그러시네요."

"예, 지금 인도네시아 쪽에서 사역 요청이 왔는데 이것을 놓고 기도하고 있습니다."

"하나님께서 예비하신 사역이라고 하시네요. 도울 사람을 붙여주실 겁니다. 건강에 특히 신경 쓰셔야 합니다."

그러면서 기도 편지를 주시는데, 나의 상황과 또 기도하는 가운데 받았던 말씀과 같은 선상에 있는 응답이었다. 하나님은 장로님의 기도를 통해서 내게 다시 한 번 그 사역을 위해 떠나라는 확증을 주신 것이다.

인도네시아에 부으시는 하나님의 사랑

그러고 나서 보니 비로소 전에 단편적으로 알고 있던 인도네시아와 관련된 정보들이 몇 가지씩 머릿속에서 엮이기 시작했다. 인도네시아는 세계 최대의 무슬림 인구를 자랑하는 대표적인 회교 국가이다. 전 국민의 약 70퍼센트 이상이 무슬림이라고 하는데, 그들의 대부분은 전통적인 수니파(sunni) 신앙을 가지고 있는 온건파이다.

　인도네시아의 회교 단체들은 무슬림 국가들에 미치는 영향이 크다. 아프간 인질 피랍 사건 때, 인질 석방의 실마리를 제공한 것이 인도네시아의 온건파 회교 단체였다고 한다. 한편 국가 자체는 무슬림 국가를 표방하지 않고 터키와 마찬가지로 세속 민족주의 국가를 지향한다. 여러 번의 쿠데타와 군부 독재 시기를 거쳤지만 점차 민주화의 과정을 밟아 간 것도 터키와 비슷하다.

　놀라운 사실은 1960년대부터 하나님께서 인도네시아에 부흥을 일으키셨다는 것이다. 당시 교회에서 성찬 때 떡이 계속 불어나는 사건들이 여러 차례 있었다고 한다. 또한 인도네시아는 열대성 기후 지역이어서 포도가 생산되지 않기 때문에 대부분의 섬사람들이 포도주에 대해 잘 알지 못했다. 그전에 성찬 때 물을 담은 잔마다 포도주로 변하는 역사가 여러 차례에 걸쳐 나타나기도 했다.

　그 외에 죽은 사람이 살아나고 병자가 낫는 이적들이 일어나면서 성령의 강력한 역사로 인도네시아의 기독교 인구가 폭발적으로 증가하게 되었고, 현재 인도네시아 정부 통계로는 2천 5백만 명, 비공식 통계로 4천만 명에 달하는 기독교 인구가 있다고 한다. 최근에 다시 한 번 인도네시아에 부흥의 조짐이 보이고 있다. 많은 무슬림들이 예수님께로 돌아오고 있어서 현재 인도네시아의 기독교 증가율이 세계 1위라는 보고가 있다.

선교 동력의 엔진

이러한 성령의 역사하심은 20세기 후반부터 나타난 남반구 비(非)서구권 지역에서의 놀라운 부흥과 맥이 닿아 있다. 남반구에 위치한 남미 중에서도 특히 브라질, 그리고 아프리카에 놀라운 부흥의 역사가 일어났다. 그리하여 2천 년대에 들어서 역사상 최초로 남반구의 기독교인 숫자가 북반구 기독교인의 수를 앞서는 현상이 나타나고 있다. 이러한 현상은 현재 서구권의 교회 숫자와 신도의 수가 줄어드는 것과 정반대의 현상이다. 남반구 교회의 성장은 중국, 인도 등지의 새로운 기독교인의 증가와 맞물려서 비서구권 교회가 신도 숫자뿐 아니라 선교에 있어서 주도적 역할을 하게 되는 새로운 흐름을 형성하고 있다.

하나님께서는 인도네시아의 교회들을 선교로 동원하기 위해 여러 가지 일을 하셨다. 첫째로 주변 무슬림의 핍박으로 교회가 불타고 기독교인들이 공격받는 일이 생겼다. 이 일로 인해 많은 기독교인들이 해외로 이주하게 되었고 그곳에서 인도네시아인 교회를 개척하였다. 자국 내의 핍박 때문에 해외로 이주한 인도네시아인 교회들은 새로운 문화적 환경 속에서 교회를 세우며 자연스럽게 선교의 필요성에 눈뜨게 된다. 그리하여 해외 선교를 위해 기도하기 시작했고, 현재 그들은 인도네시아가 세계 선교를 위해 더 많은 선교사를 보낼 수 있게 해달라고 기도하고 있다.

둘째로 자원 개발 붐을 맞아 인도네시아의 경제는 역사상 최대의 호황을 맞고 있다. 교회가 급성장하는 지역인 중국, 인도, 브라질, 남아공, 인도네시아 모두 인구와 자원이 많은 나라들인데 이들 국가의 경제가 현재 급속도로 성장하고 있다. 하나님께서는 하나님을 믿는 자들을 경제적으로 윤택하게 하시지만, 아울러 이들 나라의 선교적인 역량을 높여주시기 위해 그들의 경제적 필요를 채우기도 하신다. 나는 지금 하나님께서 인도네시아의 교회를 선교의 동력으로 쓰기를 원하신다는 생각을 하게 되었다. 인도네시아 교회는 주변의 회교권과 힌두권, 그리고 불교권과 화교권에 다가가기 위한 교두보 역할을 할 것이다.

선교의 횃불이 다니는 길

역사적으로 하나님께서는 길을 따라 선교의 횃불이 이동하도록 하셨다. 가장 대표적인 길이 몽골과 중앙아시아를 통한 초원길, 중국과 티베트를 통한 비단길, 그리고 인도네시아와 말레이시아 섬을 통과하는 바닷길이다. 특히 바닷길은 이슬람이 무역과 포교 활동을 위해 이용한 중요한 교역로였다. 내게 흥미 있게 다가온 사실은 몽골과 인도네시아가 같은 경도(經度) 상에 위치해 있다는 점이었다.

하나님께서 이 시대에 이 길을 새로이 복음의 통로로 사용하실 것이다. 어떻게 보면 대학 사역은 인도네시아 교회가 선교하는 교회가 되도록 돕는 통로의 역할을 할 수 있을 것이다. 인도네시아에는 급성장한 기독교 인구에 비해 제한된 수의 기독 대학이 존재한다. 그리고 그 역할과 기능도 제한적이다.

인도네시아의 기독인 자녀들이 새로운 가능성을 꿈꿀 수 있는 국제형 대학을 세워주어야 할 이유가 여기에 있는 것 같다. 이러한 대학은 현지의 기독교인 자녀들을 건강한 크리스천 지식인과 지도자로 양성하는 기능을 해야 할 것이다. 더 나아가 믿지 않는 주변 민족의 학생들을 받아서 그들에게 복음을 전하는 교두보 역할도 할 수 있다. 또한 다양한 크리스천 그룹들을 네트워킹 하는 중심축이 되어야 한다.

인도네시아에서는 1998년 반(反)화교 감정으로 격발된 빈민 시위로 화교 그룹들이 충격을 받으면서 공허감과 두려움으로 화교의 대다수가 복음을 받아들이게 되었다. 동남아 유통과 경제를 장악한 이들 그룹이 복음의 통로 역할을 할 때, 이 지역 복음화에 미치는 영향이 지대할 것이다. 이들은 자녀들을 가까이에 두고 교육하고 싶어한다. 그러나 현지 대학에 대한 불만이나 종족 쿼터(quota, 할당율) 등의 제한으로 국립대학에 입학할 수 있는 문이 더 좁아졌기 때문에 자녀들을 해외에 유학시키고 있다.

이들의 자녀를 교육하고 또 이들이 복음으로 호흡할 수 있게 하고 세계 선교의 가능성을 보게 하는 것은 중요한 일이라고 생각되었다. 이곳에 대학을 세우는 일은 자연스럽게 한국 교회와 인도네시아의 한인 사회 그리고 인도네시아 교회, 동남아시아권 교회와의 협력을 모색하고 촉발하는 역할을 할 수 있지 않을까 하는 기대가 생겨났다.

이 일을 생각하니 가슴이 뛰었다. 하나님께서 예비하신 일들을 이루기 위해서 하루 빨리 준비 작업에 들어가야 한다는 생각을 하니 마음이 분주해졌다. 그러나 내가 생각하는 준비와 하나님의 준비 사이에는 큰 간격이 있었다.

2 part

떠나는 것이 나의 축복이라
난 너를 축복의 통로로 불렀느니라

하나님께선 아브라함에게 "내가 지시할 땅으로 가라"라고 하신 후
곧바로 아브라함에게 복을 주시겠다는 말씀을 하신다.
"내가 너로 큰 민족을 이루고 네게 복을 주어
네 이름을 창대하게 하리니 너는 복이 될지라."
이 놀라운 축복의 말씀은 하나님의 말씀에 의지해서
새로운 곳으로 첫 발을 뗀 사람에게
하나님이 주기 원하시는 보호가 어떤 것인지 알려준다.

CHAPTER 03

열방의 복으로
떠나라는 그분의 부르심

함께 걷는 삶이 주는 영향력

아브라함의 삶은 선교사적 삶의 좋은 본보기라고 생각한다. 그는 선교사 파송장을 받은 적이 없다. 파송식도 갖지 않았고 파송 교회도 찾지 않았으며 후원자 그룹도 구하지 않았다. 그럼에도 불구하고 그는 하나님과 함께 떠나서 동행하는 선교사적 삶의 한 전형을 보여주었다.

하나님께서는 아브라함을 부르시면서 그에게 어떤 중요한 일을 맡기겠다고 말씀하지 않으셨다. 새로운 사역을 주겠다고 하지도 않으셨다. 하나님을 위해서 열심히 사역하라는 말씀도 하지 않으셨다. 하나님께서는 그를 일이 아니라 관계 속으로 불러주셨다. 그는 하나님의 약속을 믿고 그분의 말씀에 순종하며 걸어가는 삶으로 이 땅의 수많은 크리스천에게 믿음의 모본(模本)이 되어주었다. 그는 가나안 땅에서 유랑하며 어떤 업적도 남기지 못한 채 삶을 허비한 것처럼 보였지만, 그의 삶은 세대를 걸쳐 영향력을 끼쳤다.

몽골을 떠나기로 결정하고 난 뒤 나는 휴가를 받아 몽골국제대학교에 교환교수로 와 계시던 매형과 몽골 북부의 청정 호수인 홉수골 지역에서 휴식 시간을 보냈다. 그 지역은 몽골에서도 추운 지역으로, 순록을 키우는 '차뚱족'이 사는 곳이었다. 4월 말이었지만, 호수는 아직 꽁꽁 얼어 있었다.

나와 매형은 이른 아침에 일어나서 싸한 공기를 들이마시며 호숫가를 산책했다. 호수 주변의 얼음과 그 위를 나는 새들을 보면서 걷는데 우연히 동네 강아지 한 마리를 보게 되었다. 이 강아지는 심심했던지 풀밭 위에서 이리저리 뒹굴고 있었다. 늘어지게 기지개를 펴고 하품을 하는 모습이 오늘 하루를 어떻게 보낼까 하는 듯한 표정이었다. 그러다 우리 일행을 보자 갑자기 호기심에 눈을 반짝였다. 잠시 후 자리에서 벌떡 일어나더니 우리를 따라 나섰다. 그렇게 한참을 우리는 강아지와 함께 걸었.

마침 호수 안쪽에 있는 작은 섬 안에 물새들의 서식지가 있는 것을 발견하고 우리는 사진을 찍으려고 잠시 멈춰 섰다. 슬쩍 강아지 쪽을 보니 50미터 정도 앞에 서서 우리를 기다리고 있었다. 아마도 혼자서 계속 걸어가다가 우리가 더 이상 움직이지 않자 그 자리에 멈춰서 우리를 기다린 듯했다. 그 후 우리가 다시 걷기 시작하자 그 녀석도 일어나 걷기 시작했다. 앞장서서 걷다가도 가끔 뒤를 돌아보며 우리가 걸어가는 방향을 확인하는 것을 잊지 않았다. 이 강아지는 우리가 걷는 걸음과 속도에 영향을 받고 있었다.

그렇게 우리는 2시간 이상을 함께 걸었다. 그동안 양 떼와 뒤엉키기도 하고 새 떼 사이를 지나 눈이 쌓인 얼음 위를 걷기도 했다. 그 강아지는 우리 산책의 좋은 동반자였다.

나는 문득 이것이 '선교'라는 생각이 들었다. 그곳이 어느 곳이든 하나님이 내게 있으라 하신 곳에서 나는 하나님과 함께 걷는다. 그러다보면 현지인 중 누군가가 우리를 주목하고 관찰하게 된다. 아무런 삶의 목적도 없이 무의미하고 무미건조한 하루를 보내던 그가 우리가 걷는 길을 보고 그 길이 어디를 향해 나있는지 관심을 갖는다. 그리고 그도 우리가 걷는 방향으로 걸어가기 시작한다. 즉, 나의 걸음이 누군가에게 삶의 방향성을 제시해주는 것이다.

어떤 방향을 정하고 걷는 것, 그 자체가 영향력을 줄 수 있다는 것을 실감했다. 그 날 나와 함께 걸은 그 강아지는 내가 걷는 방향을 보면서 하루의 일과와 의미를 발견했다. 나와 함께 걷는 동안 한 번도 하품을 하거나 지겨워한 적이 없었다. 하나님과 함께 걷는 삶 주변에는 파장이 일어난다. 그리고 영향력이라는 것이 생긴다. 그것이 심지어 말 못하는 강아지에게까지 전달될 수 있다.

아브라함이 하나님의 부르심으로 걸음을 떼기 시작한 사건은 단지 한 사람의 일생으로 끝나는 것이 아니라 많은 사람들에게 파장을 전달해준다. 내가 같이 가자고 그 강아지를 설득해서 그 녀석이 나를 따라다닌

것이 아니다. 내가 강아지를 줄에 묶어 끌고 다닌다고 해서 그것이 함께 하는 산책이 되지는 않는다. 먹을 것으로 유인하여 끌고 다니는 것 역시 같이 걷는 것은 아니다.

마음에서 우러난 순종

함께 걷는 것은 자발성이 전제된다. 외압이나 회유나 논리적 설득으로 되지 않는다. 돌아온 탕자를 맞이한 아버지의 비유에서, 둘째 아들이 아버지에게 유산을 미리 앞당겨 달라고 했을 때, 아버지는 아들의 자발적인 순복 외에 그 어떤 것으로도 아들을 데려올 수 없다는 것을 알고 있었다.

그 아들의 마음을 얻기 위해 아버지는 모험을 한다. 당시 유대인들에게 재산 대부분 부동산(不動産)이었다. 따라서 유산의 몫을 미리 자식에게 준다는 것은 부동산을 파는 것을 의미한다. 그것을 판다면 마을과 부족 내에서의 자신의 사회적 지위와 영향력에 손상을 입을 수도 있다. 그럼에도 아버지는 아들의 마음을 돌이키기 위해 모험을 감수하는 것이다. 마음에서 우러난 순종이 아닌 강요된 순종으로는 아들의 마음을 얻지 못한다는 것을 잘 알고 있었기 때문이다.

하나님께서 아브라함을 부르시고 아들을 약속하신 다음에도 실제로 아들을 얻기까지 낭비라고 느껴질 만큼 오랜 시간을 기다리시며 더불어 아브라함을 기다리게 하신 이유가 여기에 있다. 한 개인의 영적 성숙은 어떤 방법으로 단기간에 또는 강요된 방법으로 성취되는 것이 아니기 때문이다.

몽골에서 활동하는 이단들의 사역 방식을 보면, 많은 경우 막대한 재정을 쏟아 부어서 사람들을 동원한다. 한 번은 한 선교사님이 교인이 통일교 행사에 참여하는 것을 알고는 통일교는 이단이므로 그곳에 가서는 안 된다고 설명해주었다고 한다.

그러자 그 교인이 이렇게 말했다는 것이다.

"나도 거기가 이단인 것은 알아요. 돈으로 사람을 사는 사람들은 뭔가 문제가 있지요. 나도 그렇게 어리석지는 않습니다. 나는 그냥 그들 비위만 맞춰주고 돈만 얻으려 할 뿐이에요."

안타까운 사실은 하나님의 교회가 이단들이 사용하는 방식을 사용하는 경우가 있다는 것이다. 물질적 유익을 통해 사람의 마음을 사는 것으로는 궁극적인 영혼 구원이 불가능하다. 그런 방법으로는 물질적 유혹과 하나님 사이에서 하나님을 선택하는 사람을 만들 수 없기 때문이다.

몽골에서 대학 사역을 하면서 나의 마음을 어렵게 했던 것 중 하나가 학교 내에 채플(chapel, 예배실)을 설치할 수 없다는 것이었다. 법적으로 불가능했기 때문이다. 그런데 시간이 지나면서 이런 환경이 오히려 감사의 조건이 된다는 것을 배웠다. 채플을 강제할 수 없었기 때문에 주일예배와 모임은 그것을 전심으로 사모하는 학생들이 중심이 되었고, 그랬기에 그곳에는 치유와 위로와 회복과 축제가 있었다.

대학 사역을 하면서 내가 배운 한 가지 교훈이 있다. 기독교인 교수에 대한 경계심이 녹아내리기 전까지는 교수의 어떠한 말로도 학생들의 닫

힌 마음을 열 수 없다는 것이었다. 선교지에서 공장을 운영하는 기독교인 사장님들이 공장에서 예배 모임을 만들고 근로자에게 예배 출석을 의무화하는 경우가 더러 있다. 그 분들이 하나님을 섬기고자 하는 열심은 귀하지만 예배 시간에 사람들을 많이 모아놓는 것 자체만으로는 하나님 나라의 확장이라고 하기 어렵다.

강제성이 들어가면 우리는 겉으로만 순응하는 사람을 만들어내게 된다. 참석한 사람들이 이중성을 가지고 겉으로만 순응하는 모습을 보인다면, 그들의 마음에 변화가 일어나기 훨씬 어려워지기 마련이다. 형식적으로 예배드리고 설교도 듣고 심지어 세례도 받지만, 내면에서는 경계심을 가지고 자기 것을 지키고자 하는 사람은 환경이 바뀌면 언제든지 옛날로 돌아가게 된다.

한국의 기독교 재단 학교들이 학생 양육에 실패하고 오히려 학생들에게 반기독교적인 정서를 만들어주는 경우가 대부분 이것과 관련이 있다. 강요된 종교 행위나 활동은 내면의 변화를 만들어내지 못한다. 역사적으로 기독교가 세상에서 힘과 권력을 가지게 될 때, 영적으로 더 암울해져갔던 이유도 이것과 관련이 있을 것이다.

내 안에 하나님이 계시다면 나는 어쩔 수 없이 어떤 식으로든 영향력을 발산하게 되어 있다. 때로는 한가하게 산책하는 순간에도 누군가를 끌어당겨 이끌 수 있다. 내가 걷는 걸음은 길을 찾는 누군가에게 새로운 걸음에 대한 소망을 줄 수 있다. 그것은 나를 쥐어짜거나 의로워 보이려고 노력해서 되는 것이 아니라 자연스럽게 흘러나오는 것이다. 교회가 길을 잃은 것처럼 보이고 외부의 지탄을 받는 이유는 그 안이 고갈되어 흘러나오는 것이 없기 때문이다.

하나님을 닮아갈 때

우리가 교회의 일 또는 영적인 일을 한다고 거룩해지는 것은 아니다. 선교지로 부름 받은 선교사가 그곳에서 사역을 한다고 거룩해지는 것이 아니다. 하나님의 마음을 알고 그분을 닮아갈 때 우리는 거룩해져간다. 선교지의 전도 대상자들은 우리의 말만으로는 바뀌지 않는다. 우리가 말로 그들의 태도와 가치관까지 바꿀 수는 없기 때문이다.

우리는 종종 복음을 온전히 다 이해하지 못해서 예수님을 믿고 천국에 가는 것을 복음의 전부인 것처럼 설명한다. 일반적으로 우리가 천당과 지옥에 대해 듣는다고 해도 영혼의 구원과 인격이 변화되는 단초가 되지 못하는 이유는 무엇인가? 복음은 어디로 가느냐에 초점이 있는 것이 아니다. 복음이란 우리가 예수님을 따르고 그분을 닮아가는 것을 말한다.

하나님이 아브라함에게 떠나라고 말씀하신 이유는 하나님께서 아브라함과 함께하는 공동체를 이루기 원하셨기 때문이다. 이 공동체는 사람의 연약한 부분을 건드리게 된다. 사람이 변화되려면 연약한 부분이 건드려져서 터져 나와야 한다.

하나님은 아브라함의 어떤 영역들을 건드리면서 그를 계속해서 빚어가시기를 원하셨다. 그렇게 하나님과 함께 가며 빚어지는 삶에는 영향력이 흘러나온다. 그 영향력이 자신의 공동체와 그 너머로 그리고 다음 세대를 통해서 자연스럽게 흘러가게 된다. 이것이 하나님께서 아브라함에게 기대하신 선교였다.

아브라함은 가나안 땅으로 들어가 장막을 치고 제단을 쌓아 예배하는 삶으로 하나님과 동행하는 삶을 시작한다. 이렇게 하나님과 같이 걷는 삶에서 나타나는 한 가지 현상이 있다. 그것은 하나님과 같이 걷는 과정에서 자신이 점점 하나님을 닮아가기 시작한다는 것이다. 하나님과 같이 걷다보면 내가 점점 작아지게 된다. 내 안에서 점점 커지는 그분을 느끼면서 나는 점점 작아지는 것을 경험한다.

고난 받은 발

《같이 걷기》 책을 탈고하고 몇 달 후, 독일에 집회 차 다녀올 일이 있었다. 그 때 집회를 마치고 하루 시간을 내서 바실레아 슐링크 여사(M. Basilea Schlink)가 일구고 사역한 공동체 마을인 '가나안'을 방문했다.

그 마을 한가운데는 기도 동산이 있었다. 예수님의 수난을 그린 7개의 장면이 곳곳에 부조(浮彫)로 새겨져 있었는데, 그 사이로 난 길을 따라 걸으면서 그 장면들을 묵상하고 기도할 수 있도록 설계되어 있었다. 나도 기도하는 마음으로 예수님의 수난 장면을 목도하며 그 길을 따라 걷고 있었다. 그런데 문득 내게 다가오는 한 장면이 있었다. 예수님이 십자가에서 내려져 땅에 뉘어진 것을 묘사한 부조였는데, 그곳에서 특히 예수님의 발이 눈에 들어왔다. 예수님의 발에 십자가 못자국이 크고 거칠게 도드라져 있었다.

'아, 예수님의 발도 예외가 아니었겠구나!'

그동안 예수님의 고난을 묵상할 때 예수님의 발이 받은 고난에 대해서는 생각해보지 못했다. 그때 예수님께서 내 마음에 대고 말씀하시는 것같이 생생한 음성이 들려왔다.

'내가 너와 함께 걷고 있는 발이 바로 이 발이란다.'

예수님이 그 상처 난 발로 나와 함께 걸어주신 것이다. 그 짧은 순간에 내 삶 전체가 한 덩어리처럼 머리를 스치고 지나갔다.

'아! 당신이 그 발로 고비고비를 나와 함께 걸어주신 것이지요!'

돌아보니 내 삶의 언저리에 나의 희생처럼 보이는 것들이 있었다. 다른 사람들은 그것이 내가 주님을 위해 희생한 흔적이라고 생각한다. 그런데 자세히 들여다보면 그것은 나와 함께 걸어주신 예수님의 발에서부터 시작된 것이었다. 그것은 바로 예수님이 나를 대신해서 흘려주신 피였다.

그분과 같이 걷는 삶에서 나는 나 자신이 점점 작아지는 것을 경험한다. 그래서 그분과 함께한 여정에는 결국 그 발자국만 남게 되는 것이다. 실은 그것이 '성화'(聖化)이다. 사람들은 성화에 대해서 자신이 점점 인격적으로 성숙해지고 멋있어지고 매력적으로 변화되는 것이라고 생각한다. 그러나 내가 경험적으로 고백하는 성화는 결국 내가 점점 죽어가는 것이다.

그곳 가나안 마을의 예배당에 벽화 하나가 있었는데, 어린 양이 목에

칼을 맞고 피를 쏟아내는 장면이었다. 이 장면을 보면서 나는 울컥하고 말았다. 그 그림 앞에서 나는 예수님이 피 흘리신 그 길을 좇아가는 것, 그것이 성화의 핵심임을 고백했다.

성화는 강압적인 훈련으로 되는 것이 아니다. 아브라함 역시 하나님과 동행하는 삶을 통해 자연스럽게 그의 옛 모습이 조금씩 자취를 감추게 되었다. 자신이 세상의 중심으로 살았는데 하나님과 점점 친밀한 관계를 맺음으로써 자신은 죽고 그분이 내 삶에 드러나는 것, 그것이 성화인 것이다.

하나님의 복 vs 세상의 복

하나님께선 아브라함에게 "내가 지시할 땅으로 가라"라고 하신 후 곧바로 아브라함에게 복을 주시겠다는 말씀을 하신다.

> 내가 너로 큰 민족을 이루고
> 네게 복을 주어
> 네 이름을 창대하게 하리니
> 너는 복이 될지라
> 창세기 12:2

이 놀라운 축복의 말씀은 하나님의 말씀에 의지해서 새로운 곳으로 첫발을 뗀 사람에게 하나님이 주기 원하시는 보호가 어떤 것인지 알려준다. 이는 부족의 보호막을 떠나서 스스로 자신을 보호해야 하는 아브라함에게 주시는 위로와 격려의 메시지이다. 즉 '이제는 네가 더 의지할 대상이 없는 것 같아 보일지 모르지만 나 여호와가 너를 지켜주며 네 보호자가 되겠다'라고 말씀하시는 것이다.

창세기 12장 3절 하반절을 보면 왜 하나님께서 그렇게 강력한 보호와 축복의 메시지를 주시는지에 대한 이유가 나온다. 아브라함이 열방의 복이 되게 하시겠다는 것이다. 즉, 다른 사람들을 복 주기 위해서는 누군가 모델이 되어 통로 역할을 해주어야 하는데, 이 역할을 아브라함에게 감당시키겠다는 말씀이다.

하나님은 아브라함에게 다른 사람들에게 복을 나누기 위해 노력하라고 말씀하지 않으셨다. 하나님께서는 아브라함이 순종하여 믿음으로 떠난 그 모습을 근거로 그에게 복을 흘려보내시고, 또한 그를 통로 삼아 세상의 많은 사람들에게 그 복을 흘려보내길 원하셨다. 그렇다면 하나님께서 아브라함에게 주기 원하신 복은 어떤 것일까?

한국 사람들은 중국 사람과 함께 복(福)에 대해 관심이 굉장히 많다. 그런데 우리가 원하는 복은 하나님이 우리에게 주기 원하시는 복과 개념상 정확하게 일치하지 않는다. 많은 성도들이 세상의 복의 기준을 가지고 교회 안으로 들어온다. 성경이 말하는 하나님의 복을 세상의 복의 개념의 연장선에서 이해하려고 한다.

한국 사람들의 전통적인 복 개념은 '만사형통(萬事亨通)'으로 대변된다. 만사형통의 성경적 의미는 모든 어려움과 환난 속에서도 하나님의 선하신 뜻으로 우리가 온전하게 된다는 것이다.

그러나 우리는 만사형통을 그저 모든 일이 우리가 원하는 대로 쉽게 이루어지는 것으로 오해한다. 찬송가 〈나의 갈 길 다 가도록〉(새찬송가 384장)에는 '무슨 일을 만나든지 만사형통하리라'는 가사가 있다. 그러나 이 찬송가의 영어 가사는 어떤 어려움에서도 네 영혼이 '평안할(well)' 것이라는 뜻이 담겨있다. 이것을 우리식 표현인 만사형통으로 바꾸면서 일이 쉽고 편하게 풀린다는 의미로 오해될 소지가 생겼다.

성경에서 가장 열심히 하나님의 복을 추구한 인물의 전형은 야곱이다. 그는 하나님의 복을 열심히 추구했고, 복의 약속을 받았을 뿐 아니라 실제로 그 복을 받았다. 그런 야곱이 인생의 말년(末年)에 바로 왕 앞에 가서 자신의 삶을 한마디로 요약해서 다음과 같이 고백했다.

"저는 130년 동안 나그네로 험악한 세월을 살았습니다."

다시 말하면 험악한 세월이 하나님의 복이었다는 것이다. 누구보다도 하나님의 복을 많이 받은 사람, 야곱의 삶을 한 구절로 종합해보니 '험악한 세월'이라는 것이다. 우리가 기대하고 있는 복과 큰 차이가 있음을 확인할 수 있다.

하나님의 복에 대한 오해

야곱이 하나님이 주시는 복에 대해 잘못 이해하고 있던 것이 하나 있다. 그는 하나님의 복이 자신의 노력으로 쟁취해 얻는 것이라고 생각했다. 그에게는 경쟁에서 이기는 것이 복이었다. 그래서 형 에서 그리고 외삼촌 라반과의 경쟁을 마다하지 않았다. 하지만 자신의 힘과 머리로 경쟁하면 할수록 관계는 어려움 속으로 빠져 들어갔고 힘든 고비를 맞게 되었다.

한국 사회가 1960년대와 70년대 경제 개발에 주력하며 잘 살아보자고 외치던 시기에 교회에서도 하나님의 복을 추구하던 야곱의 열심을 본받으라고 가르쳤다. 그런데 우리가 야곱처럼 오해한 것이 있었다. 그것은 하나님의 복이란 열심으로 얻어내는 것이 아니라는 것이다. 성경에서도 알 수 있듯이 하나님은 야곱의 노력과는 상관없이 야곱에게 복을 주시기로 이미 그의 출생 전부터 결정하고 계셨다는 사실이다.

리브가가 쌍둥이를 갖게 된 후 쌍둥이가 배 속에서부터 싸움을 하고 있었다. 당황한 리브가가 하나님께 묻는다.

"어떻게 된 영문입니까?"

하나님이 대답해주셨다.

"너의 태에 두 민족이 들어 있다. 그런데 큰 자가 어린 자를 섬길 것이다."

이미 하나님께서 야곱을 위해 예비해놓으신 삶의 진로가 있었던 것이다.

내가 몽골에서 사역하면서 하나님의 복에 대해서 전과는 다른 생각을 가지게 되었다. 많은 사람들이 갖고 있는 복의 개념이 생활이 더 편안해지고 편리해지는 것 내지는 자신이 유명해지고 인정받는 것이라고 생각한다. 그래서 고급차를 타고 편안한 사무실에서 일하며 큰 평수의 아파트에서 살면 복 받았다고 생각한다. 그런 것을 소유하는 것이 부러움의 대상이 된다. 그리고 그것을 갖지 못하면 낙심하고 스트레스를 받는다. TV 광고에서는 더 편한 삶을 위해 계속해서 소비하라고 강조한다. 그러나 이런 것은 성경이 말하는 복이 아니다.

불편했지만 행복했던 몽골에서의 삶

몽골에서의 삶은 오늘날 세상이 가르치는 복과는 거리가 먼 삶이었다. 한국이나 미국에서의 삶에 비하면 불편한 것이 많았다. 추운 겨울에는 석탄 연기가 자욱해 창문을 열지 못했고 아이들이 바깥출입을 못하는 날도 많았다. 물도 깨끗하지 못했다. 신선한 야채도 적었고 식재료도 좋지 않았다. 안전한 환경도 아니었다.

그런데 몽골에서의 생활이 불편하기는 해도 불행하지는 않았다. 오히려 우리 가족들은 몽골에 있으면서 아름다운 추억을 쌓을 수 있었고 무척 행복했다. 그건 우리 아이들도 마찬가지이다. 지금 둘째 아이 방 액자에는 친구들과 찍은 사진이 있다. 모두 몽골에서 찍은 사진들이다. 미국과 한국에서 찍은 사진들도 많았지만, 아이에게 우선순위는 몽골에서의 추억을 담은 사진인 것 같다.

내가 몽골 사역을 정리하고 미국에 1년간 들어가 있을 계획을 가족들에게 알리자 아이들이 서럽게 울기 시작했다. 몽골을 떠날 수 없다는 것이다. 떠나가는 게 너무 분하다고 엉엉 울기 시작했다. 그 이유는 아이들이 맺은 소중한 관계 때문이었다.

나는 아이들을 달래기 위해 타협안을 제시했다.

"애들아, 우리가 미국에 가면 개는 못 키우더라도 햄스터 정도는 키우게 해줄게."

그랬더니 아이들은 신난다고 탄성을 질렀다. 하지만 그것도 잠깐이었다. 한 아이가 울면서 말했다.

"겨우 이까짓 쥐새끼 때문에 친구들을 배신할 수는 없어."

아이들에게 행복감과 만족감과 안정감을 주는 것은 사실은 좋은 관계이다. 그런데 우리는 아이들에게 다른 걸 주려고 애를 쓴다. 내가 아이들을 보면서 깨달은 것은 우리가 생활이 불편하더라도 우리는 여전히 행복할 수 있다는 것이다.

복의 근원 되는 자

복에 관심이 많은 한국 사람들은 자신이 살고 있는 땅이나 환경과 관련해서 복을 이해하는 경우가 많다. 한국 전통의 풍수지리도 결국 내가 속한 땅의 상태와 환경이 내게 복을 주기도 하고 어려움을 주기도 한다는 믿음이다. 우리는 어디를 가도 소위 '그곳의 물이 좋은가?'에 관심이 많다. 그런 곳에 있어야 자신도 묻어갈 수 있다는 인식이다.

우리 속담에 "말은 나면 제주도로 보내고 사람은 나면 서울로 보내라"라는 말이 있다. 왜냐하면 복된 환경에 가면 편리하고 유리하다고 이해하기 때문이다. 맹모삼천지교(孟母三遷之敎)도 비슷한 의미를 담고 있다. 남들 잘 하는 곳에 가야 그와 비슷한 수준을 맞춰갈 수 있다는 믿음이 있는 것이다.

"학군 좋은 데 가야 돼. 그래야 우리 애들이 그 수준에 맞춰서 갈 수 있어."

전 세계적으로 한국 이민자들이 밀집해서 사는 지역은 몇 가지 공통적인 특징이 있다. 첫 번째로 학군이 좋고, 두 번째로 주로 새 집이 많은 개발지이고, 세 번째로 땅 값이 오를 가능성이 높은 지역들이다. 전 세계 어디를 한국 사람들은 그런 지역을 찾아서 정착한다.

그런데 우리가 살 지역을 선택하는 것과는 다른 방식으로 하나님은 아브라함을 떠나보낸다. 그가 부름 받은 가나안 땅은 그 당시 농업 생산력이 떨어지는 황량한 땅이었다. 당시 돈을 벌려면 농업 생산량이 높은 메소포타미아 지역으로 가든지 지금의 이집트 지역인 애굽으로 가야 했다. 가나안 땅은 산지와 광야가 많았고 물이 부족했다.

가나안이란 이름의 유래를 보면 그 땅의 성격을 알 수 있다. 노아의 아들들 중 함이 아버지인 노아가 포도주를 마시고 취하여 장막 안에서 벌거벗은 것을 보고 비웃었다. 그 결과 노아의 저주가 함에게 임하는데 함의 아들들 중 한 명인 가나안에게 임한다. 저주 받은 사람들이 모여 살던 땅을 가나안 땅이라 불렀다. 즉, 당시의 가나안 땅은 저주받은 자들의 땅이었다.

하나님은 아브라함에게 이렇게 말씀하신 것이다.

"내가 너에게 복을 줄게. 그 복을 가지고 저주받은 사람들의 땅으로 가라."

하나님은 어디에 복 있는지 관찰해서 복 있는 지역으로 들어가라고 말씀하신 것이 아니다. 네게 복을 줄 터이니 네가 복의 근원이 되어 그 땅을 복되게 하라고 말씀하신다.

이 땅에서의 구별된 삶

아브라함의 일행 중에는 아브라함의 이주 목적과는 다른 목적을 가지고 이주한 사람이 있었다. 아브라함의 조카 롯이었다. 하루는 아브라함과 롯의 목자들 사이에 서로 다툼이 생겼다. 그들의 소유가 많아져서 그 땅에 함께 머물 수 없었기 때문이다.

결국 아브라함이 결단을 하고 롯에게 말한다.

"롯, 이제는 더 이상 우리가 같이 지내기가 어려울 것 같구나. 이제 서로 떠나가야 하겠구나. 네가 오른쪽을 택하면 나는 왼쪽으로 가고 네가 왼쪽을 택하면 나는 오른쪽으로 가겠다."

그때 롯이 자신의 주변을 둘러본다. 롯의 관심은 어디가 풍요로운 곳이냐에 있었다.

"저기 강남 지역을 보니까 풍요롭구나!"

물도 많고 풍요로워 "저기 가면 나도 어느 정도 중산층 사이에 묻어갈 수 있겠다"라는 생각을 하게 된다. 그리고 그 지역을 선택해서 들어간다.

그런데 그렇게 들어가면 문제가 생긴다. 그곳에 들어가 살면서 누릴 유익만 생각하다보면 주변 사람들에게 선한 영향력을 주지 못하게 마련이다.

롯은 그 땅에서 한 명의 의인(義人)으로 살지 못했다. 그 사람들과 섞여서 그다지 튀지 않고 어떻게 잘 어울려 살아갈까 생각하다보니 자신의 딸들을 그 동네 난봉꾼들에게 시집보낼 생각을 한다.

하나님께서는 그 땅에서 의인을 찾고 계셨다. 롯이 그 땅에 동화된 삶이 아닌 구별된 삶을 살면서 자신의 가족들과 이웃들에게 선한 영향력을 미칠 수만 있었어도 그 땅은 멸망하지 않았을 것이고, 그 땅에서 나오지 않아도 되었을 것이다.

하나님은 그 땅을 멸망시킬 계획을 하셨지만, 롯의 가족에게는 또 한 번의 기회를 주기 원하셨다. 그래서 천사를 보내어 그 땅을 떠나라고 명하셨다. 이 떠남의 명령은 또 한 번의 구별된 삶으로의 초청이었다. 그러나 롯의 아내는 그곳에 머물고 싶어 했다. 두고 떠나는 것에 대한 아쉬움이 있었다.

"여기 우리 집은 대형마트와 백화점도 가깝고, 있을 것 다 있고 교통도 편하고 학군도 좋은데 여길 어떻게 떠나?"

그렇게 머뭇거리는 사이에 롯의 아내는 그 땅에 그냥 굳어진 존재로 남겨진다. 이것이 굳어진 일상에 갇혀서 하나님과 함께 걷는 삶을 잃어버린 자들의 신세이다. 롯의 딸들은 비록 생명을 구하기 위해 떠나긴 했지만 그 땅의 관습과 생활 습관 그리고 가치관을 버리지 못해 마음을 새롭게 하지 못했다.

결국 성적인 타락이 만연했던 소돔과 고모라 땅의 습속(習俗)을 따라 미련한 계획을 세우고 만다. 그렇게 만들어진 가문은 결국 그 가정에 아픔을 준다. 그 아픔으로 말미암아 그 민족들은 결국 하나님의 약속된 민족과 역사적으로 적대적인 관계를 맺을 수밖에 없었다. 이것이 세속과 풍요를 좇아간 삶이 후대에 미치는 영향이다. 하나님의 복을 따라가는 아브라함의 자손이 경험한 것과는 판연히 다른 삶이었다.

물론 풍요 그 자체가 나쁜 것은 결코 아니다. 우리가 하나님과 함께 걸어가는 삶에는 풍요가 결과물로 주어지기도 한다. 하나님은 우리를 풍요함으로 이끌기를 원하신다.

아브라함과 욥이 걸어간 삶에 하나님의 풍요가 있었다. 하지만 그 풍요가 목적이 되는 삶은 우리를 온전한 행복의 근원이신 하나님께로 이끌지 못한다. 이스라엘 백성들에게 풍요가 삶의 목표가 되었을 때 그들은 이방 땅 풍요의 신들을 섬기며 우상숭배로 나아가게 되었다. 아브라함과 욥의 삶에 있었던 고난의 과정도 결국 삶의 궁극적인 목적과 방향을 달아보시는 하나님께서 허락하신 것이다.

기근을 풍요로 바꾸시는 하나님

아브라함이 하나님께서 가라 하신 가나안 땅에 도착했을 때 처음 경험한 것은 기근이었다. 하나님을 신뢰하고 길 떠난 사람이 처음으로 경험한 것이 기근이라는 사실은 하나님을 알아가는 과정 중에 있던 아브라함의 마음을 흔들어놓았다. 그는 결국 하나님이 있으라 하신 그 땅에서 이탈하여 당시 가장 큰 곡창지대인 애굽으로 건너갔다.

이 여정에서 아브라함은 그의 연약함을 드러내었다. 그는 애굽 왕이 자신의 아름다운 아내 사라를 원해서 자신을 해칠까 봐 사라를 자신의 여동생이라고 소개한다. 애굽 왕이 아내를 데려가는데도 아브라함은 그저 자신의 안위에만 급급할 뿐이었다. 결국 하나님께서 애굽 왕의 꿈에 나타나서 아브라함의 아내를 돌려주도록 하셨다.

비록 아브라함이 그의 연약함 때문에 애굽에 갔지만, 하나님은 그의 실수와 연약함과 고통의 순간들을 그분의 신실하심과 풍성함을 보여주시는 도구로 사용하셨다. 우리가 예수님과 동행하다보면 우리의 연약한 부분이 점차적으로 건드려지게 된다. 우리가 주님의 광명의 빛 가운데 우리를 드러낼 수 있게 되면서 우리는 자아 깊숙한 곳에서 해결되지 않았던 걸림을 마주하게 된다. 예수님은 지속적으로 우리의 연약한 부분을 만지시고 다루어가신다.

잃어버린 지갑

애틀랜타에서 안식년을 보내면서도 주일이면 한인 교회나 목회자 수련회 또는 청년 집회 등에서 말씀을 전하는 시간을 가졌다.

그러던 어느 날, 주말을 이용해서 뉴욕의 한 한인교회에서 말씀을 전하고 그 날 밤늦게 비행기를 타고 집으로 돌아가고 있을 때였다. 비행기를 갈아타려고 기다리면서 커피를 주문하고 계산을 하려는데 주머니에 지갑이 없는 것이었다. 가방을 샅샅이 뒤졌건만 지갑은 나오지 않았다. 순간 하늘이 노래졌다.

사역을 시작한 후 나는 지갑을 잃어버린 적이 몇 번 있었다. 그때마다 하나님께서는 극적으로 지갑을 다시 찾게 해주셨다. 지갑이 지금 내게 필요한 것이라면 하나님께서 다시 찾게 해주실 것이라는 믿음이 있었기 때문에 지갑을 잃어버려도 마음은 평안했다. 하나님께서는 그때마다 내 믿음대로 지갑을 찾을 수 있도록 인도해주셨다.

하지만 이번 경우는 달랐다. 나는 늦은 밤 공항 주차장에 세워놓은 차를 찾아서 1시간 정도를 운전해서 집으로 돌아가야 했다. 그런데 운전면허증이 없이 운전하다가 경찰에게 걸리게 되면 큰일이었다. 바로 유치장에 수감되어서 하루를 보내게 될 수도 있다. 또한 조지아 주는 불법 체류자를 엄하게 단속하는 법규를 새로 통과시켰기 때문에 불법 체류자로 오인되면 엄한 조사를 받을 수 있다. 무엇보다 아내와 어린 아이들이 나를 눈이 빠지게 기다리고 있었다.

나는 아내에게 전화해서 급히 사정을 설명했다. 아내는 아이들과 함께 중보기도를 하겠다고 했다. 나도 마음을 가라앉히고 기도하기 시작했다. 기도하던 중 문득 앞에 있는 안내데스크의 푯말이 보였다. 나는 무작정 데스크로 가서 안내원에게 내 상황을 설명하며 어떤 식으로든 도움을 달라고 요청했다. 안내원은 매우 난처해 하며 비행기는 이미 떠날 시간이 지났다고 말했다.

잠시 후 그녀는 내 비행기가 내린 게이트로 전화를 걸었다. 전화를 끊은 후 그녀는 내게 급히 그곳으로 다시 가보라고 말했다. 게이트로 가보니 한 직원이 종이에 싸인 물건을 건네주었다. 비행기 승객 중 누군가가 내 지갑을 발견하고 게이트 직원에 전달해준 것이었다. 나는 부랴부랴 비행기가 출발하는 게이트로 달려가 비행기에 가장 마지막으로 올라탄

승객이 되었다.

집에 전화했을 때 아내는 내게 이렇게 말했다.

"내가 아이들과 함께 기도하면서 아이들에게 아빠가 무사하게 돌아올 수 있도록 기도하자고 했어요. 그런데 아이들이 기도하기를 아빠 지갑을 찾게 해달라고 하는 거예요. 나는 설마 지갑을 찾을 수 있을까 싶어 차마 그 기도를 하지 못했지요. 아이들의 믿음에 제가 부끄러워지네요. 아이들이 실망하지 않도록 하나님께서 그 기도를 들어주셔서 참 감사해요."

아이들의 믿음이 나의 믿음보다 더 좋았던 것이다. 그런데 일은 거기서 끝나지 않았다. 공항에서부터 차를 몰아 집에 거의 다 이르렀을 무렵, 경찰이 내 차를 세웠다. 나는 가슴이 철렁했다. 경찰은 내게 운전면허증을 요구했고, 나는 잃어버렸던 지갑에서 면허증을 꺼내 보여줄 수 있었다. 경찰은 내게 차 번호판을 비추는 램프가 꺼져 있으니 빠른 시간 내에 교체하라며 경고를 했다. 하나님은 내 차의 번호판 램프가 나가 있어서 조만간 경찰이 내 차를 세울 것과 운전면허증을 요구할 것을 알고 계셨다. 지갑을 찾지 않고서는 헤어 나오기 힘든 곤경임을 알고 계셨던 것이다.

나는 이 모든 일이 하나님께서 나의 연약한 부분들을 건드리고 다루기 원하셨기 때문에 빚어진 일들이었다.

사랑니 통증을 허락하신 이유

몇 년 전, 한국에 집회 차 나온 김에 사랑니를 뽑으러 아는 치과 선생님을 찾아갔다. 한쪽 사랑니가 안으로 들어가 있어서 빼기가 어려워 수술을 해야 할 수도 있어서 몽골에서는 아예 손을 댈 수 없던 치아였다.

치아 상태를 살펴보던 치과 선생님은 치아 하나를 통으로 빼는 것보다 마취 후 몇 조각으로 나눠 제거하는 편이 좋을 것 같다고 말씀하셨다. 그런데 예상한 것보다 시술 시간이 길어졌다. 문제는 사랑니의 끝 뿌리 부분이 뼈에 붙어버렸는데, 중간 부분이 부러진 채 남은 부분이 깨끗하게 떨어지지 않은 것이었다. 그것을 제거하려고 여러 방법을 시도하다보니 너무 아파 나는 아픈 턱을 놓고 기도하기 시작했다.

"하나님, 왜 이렇게 아파야 할까요? 언제까지 참아야 할까요? 혹시 빨리 끝나도록 도와주실 수는 없나요?"

그때 성령님께서 내 안에 이런 감동을 주셨다.

'죄의 뿌리는 이렇게 깊단다. 그것을 제거하는 것은 치아를 빼는 것보다 훨씬 어려운 수술 과정이란다. 네게 그것을 다시 알려주고 싶구나.'

나는 이것이 피해가야 할 아픔이 아니라 정면으로 극복해야 할 것이라는 사실을 확인했다. 그래서 치과 의사 선생님께 말씀 드렸다.

"혹시 남은 부분을 그냥 놓아두면 안 될까요? 어차피 나올 부분이 아닌 것 같아요."

"물론 그냥 두어도 문제는 없습니다. 하지만 기왕이면 깔끔하게 정리하고 싶은 마음이 있어서요. 한 번만 더 시도해보지요."

결국 또 한 번의 시도도 수포로 돌아가 시술을 그 선에서 마무리해야 했다. 약 2시간이 걸려서 마취가 거의 깰 즈음이었다. 나는 이번 일이 치과 의사 선생님의 실력의 문제가 아니라 하나님이 내 안에 심어주고 싶으신 교훈과 맞물려 있다고 생각했다. 때로는 우리가 이런 고통을 통해서 배워야 할 것들이 있다.

우리는 하나님이 어떤 부분에 있어서는 우리를 보호하시고 우리의 필요를 섬세하게 채우시고 인도해가시는 경험을 한다. 한편, 하나님께서는 어떤 부분에 있어서는 우리의 원하는 것들을 해결해주지 않으신다. 하지만 그분을 끝까지 신뢰하고 그분 손에 우리를 맡길 때, 우리는 결국 우리의 아픔을 통해서도 그분의 풍요에 참예할 수 있게 된다.

CHAPTER 04

불안의 한가운데서
맛보는 하나님의 풍성함

췌장에 혹이 발견되다

몇 년 전, 한국의 한 종합병원에서 건강검진을 받을 기회가 생겼다. 검사결과 췌장에 혹이 생긴 것이 발견되었다. 보통 췌장은 장기 뒤쪽에 있어서 병변이 발견되기 어려운 부위인데, 용케 혹이 있는 것이 확인되었다고 한다. 몇 번의 검사 후 마지막으로 올해 여름, 한국에서 조직검사를 하게 되었다.

나는 금식하며 병원에 입원해 있는 3일이 모처럼의 휴가처럼 느껴졌다. 가정과 사역에 대한 부담에서 벗어나서 묵상과 기도와 말씀 읽는 시간을 가질 수 있었다. 하나님께서는 조용히 이 종양을 거두어 가실 수도 있었는데 굳이 이 모든 과정을 겪도록 하신 이유가 무엇인지 묻는 시간을 가졌다. 이 일을 통해서 무엇을 가르치기 원하시는지를 찾아가는 과정이었다.

그 혹은 암으로 전이될 가능성이 있는 종양으로 판명되었다. 중보기도 사역자 분과 기도할 시간이 있었는데, 그 분은 '하나님의 손길'이 나와 함께하실 것이라고 기도해주셨다. 내가 그 분과 기도하면서 받은 생각은 하나님께서 초자연적인 방법으로 이 종양을 거두어가시기보다는 내 몸에 하나님의 손길의 흔적을 두실 계획이 있으시다는 것이다. 나는 하나님의 손길이 무엇을 의미하는지 좀 더 알기 원했다.

마침 아는 분을 통해 현대아산병원이 간(肝)과 췌장 쪽 수술에 있어서 가장 탁월하다는 이야기를 듣게 되었다. 문득 몽골에서 몇 년간 의료 선교사로 섬긴 적이 있던 박 선생님이 생각이 났다. 그 분이 몽골에 단기 의료 선교를 오셨을 때, 그 병원에서 근무하고 계시다는 말씀을 들은 기억이 있었기 때문이다. 전화번호를 수소문해서 연락을 드렸다.

그 분이 말씀하시기를 췌장 수술은 자신이 가장 많이 한 수술이고, 복강경 수술만 1,000건 이상을 했다고 하셨다. 그리고 지금은 고대안암병원에서 근무하고 있으니 병원에 한 번 와보라고 하셨다. 그 분이 계시는 병원에 찾아가 수술에 관한 여러 가지 이야기를 나눈 후, 박 선생님은 나에게 책 한 권을 선물로 주셨다.

몽골에서의 의료 사역을 통해서 만난 하나님에 대한 박 선생님의 간증이 담긴 책이었다. 그런데 나는 책 제목을 보고 깜짝 놀랐다. 책의 제목이 《나를 이끄시는 하나님의 손》이었다. 나는 그 책을 보는 순간 하나님께서 마치 내게 "자 이제 봤니?"라며 물으시는 것 같았다. 나는 이것이 하나님의 인도하심이라는 확신이 들었다.

꼭 초자연적인 방법으로 병이 나아야 하나님의 선한 인도하심을 받는 것은 아니다. 때로는 하나님께서 어둡고 고통스러운 시간으로 나를 인도하신다. 그리고 그 길을 통해서도 하나님의 이끄시는 손길을 경험하게 된다.

때로는 하나님께서 고난이나 병을 주시는 것이 우리를 향한 그분의 관심의 표현이라는 사실을 깨닫는다. 하나님께서는 초자연적인 치유를 통해서 우리를 향한 당신의 관심을 표현하시기도 하지만 때로는 우리의 문제를 내버려두시는 방법을 통해서도 당신의 관심을 드러내신다. 수술과 회복이라는 열흘간의 시간 동안 또 어떤 하나님의 손길을 누리게 될지에 대한 기대감이 앞선다.

내가 췌장 일로 병원을 여러 번 오가는 동안 아이들을 돌보느라 아내와 한 번도 병원을 같이 가본 적이 없었다. 때로는 아내가 정말 내 걱정을 하는 것인지 확인하고 싶기도 했다.

"여보, 나 아픈 것 걱정 안 돼?"

"하나님이 다 알아서 예비하신 것이 있으실 것을 믿잖아요."

나는 아내의 입을 통해 정답을 들으면서도 잠시지만 무관심은 아닌가 하는 서운한 마음도 들었다. 하지만 나는 아내의 태연함이 믿음의 산물임을 안다. 하나님이 어떻게 우리의 삶을 인도해 가시는지를 알기에 미래를 편안함으로 맡길 수 있고, 또 우리에게 허락된 것은 다 필요한 것으로 받을 수 있게 된다. 우리에게 믿음이 있다면 설령 우리가 죽음을 맞게 되어도 그것마저도 우리에게 유익이 될 수 있고, 또 다른 이들에게 유익을 끼칠 수 있게 된다.

암이 축복이 되는 이유

내가 애틀랜타에 있는 동안에 아버지의 대장암이 발견되었다. 어머니도 대장에 암세포가 발견되어 제거하는 수술을 받아야 했다. 아버지의 수술 후 조직검사를 기다리면서 혹 한국을 다녀와야 하는지를 놓고 기도하며 하나님께 구하는 시간을 가졌다. 그 때 내 마음에 오는 도전이 있었는데, 질병이 축복이 될 수 있다는 것이다.

많은 사람들이 암을 비롯한 질병에 걸리는 것에 대해 그것이 어쩌다 재수 없이 자기가 걸린 것이라고 생각한다. 질병은 저주이고 피할 수 있으면 피하는 것이 좋다고 생각한다. 그러나 생각해 보면 질병은 축복이 될 수 있다. 사고로 인한 죽음은 우리가 죽음을 준비할 겨를 없이 무방비 상태로 맞이하게 된다.

한편 암을 포함한 여러 질병은 설령 우리가 그로 인해 죽게 된다 하더라도 적어도 죽음을 준비하고 삶을 마무리할 수 있는 시간을 얻게 된다. 또한 암과 같은 질병을 통해서 우리는 우리 삶을 돌아보고 더 거룩하게 가꾸어 갈 수 있다. 그리고 병을 맞이하는 태도를 통해 우리는 다른 사람들에게 크리스천의 믿음이 어떤 것인지 증명해 보일 수 있다. 관점을 바꾸면 고통은 낭비하기에는 너무 아까운 기회가 된다.

나는 기도하면서 이 일이 부모님을 축복하기 위해 하나님께서 허락하신 기회라는 것을 고백할 수 있었다. 감사하게도 부모님은 추가 항암치료 없이 치료 과정을 마무리할 수 있었다. 물론 우리의 완치를 통해서도 우리는 하나님께 감사하며 그분이 우리에게 하신 일을 기쁨으로 증거할 수 있다.

저주의 증표에서 사랑의 통로로

11월 발리에서 열린 회의에서 세계 고아 문제를 놓고 분과 회의를 주재한 우크라이나의 루슬란 형제를 통해서 비디오 영상 하나를 보게 되었다. 우크라이나의 한 기독교 가정이 '올해의 우크라이나 영웅'으로 선정되어 시상식에 서게 된 이야기를 담은 것이었다. 그 가정의 가장은 젊은 날 방탕한 생활을 하다가 에이즈에 감염되어 깊은 좌절을 경험한 사람이었다.

그는 깊은 수렁 끝에서 예수님의 치유의 능력에 대한 이야기를 접하게 된다. 혹시나 하는 생각에서 하나님께 매달리며 그는 매일 성경을 읽었다. 그에게 도전이 되는 말씀은 "먼저 그의 나라와 그의 의를 구하라. 그리하면 이 모든 것을 너희에게 더하시리라"(마 6:33)라는 성경 구절이었다. 그러던 어느 날, 그는 마약 중독자였다가 새 생활을 시작하기 원하는 자매와 만나 결혼하게 된다. 그 자매는 에이즈 중독자와 결혼했다는 이유로 자신이 종업원으로 일하는 식당에서 쫓겨났다. 그녀는 곧 쌍둥이를 임신했으나 한 아이는 사산되었다. 깊은 신음의 강을 건넌 그들은 새로운 소망으로 하나의 결단을 하게 된다.

아무도 입양하려 하지 않는 에이즈 보균 고아들을 입양하기 시작한 것이다. 그 부부가 낳은 2명의 아이 외에 그들은 7명의 에이즈 감염아들을 차례로 입양했다. 새로운 가정의 가장으로 아이들을 깊이 사랑하는 과정에서 새로운 내적 치유를 경험한 그 아버지는 이렇게 고백했다.

"처음에 나는 에이즈를 저주의 증표로 생각했습니다. 하지만 나는 이 병에 걸려서야 비로소 새로운 사랑에 눈을 뜨게 되었습니다. 예수님 안에서는 우리의 저주가 변하여 사랑의 증표가 되는 축복을 누릴 수 있습니다."

오히려 저주와 수치의 상징인 죽음의 질병을 통해서 그는 하나님을 만날 수 있었을 뿐 아니라 새로운 가정을 얻었다. 하나님께서는 그의 질병을 고쳐주시지 않았지만 대신에 그가 살아야 할 의미와 소망과 사명과 섬김의 대상을 갖게 하셨다. 우리가 복음 안에 있으면 이 모든 저주와 질병과 고통을 통해서도 예수님을 더 깊이 만날 뿐 아니라 그분을 아주 특별한 방법으로 증거할 수 있게 된다.

중국이 공산화될 당시 중국에서 활동하던 외국인 선교사들 대부분이 추방되어 상해에서 배를 타고 떠나야 했다. 많은 선교사들은 떠나가는 배에서 이들이 세운 아직은 영적으로 어린 중국 교회를 걱정하며 조만간 무너지고 사라질 것이라고 생각하며 슬피 울었다. 그러나 모두의 예상을 뒤엎고 중국 교회는 핍박 속에서 더 강해졌다.

많은 교회의 지도자들은 중국 공산당 정부야말로 중국 교회에 있어서 큰 저주라고 생각했다. 그러나 하나님은 공산당 정부를 사용하여 중국 교회를 더 강인하게 만드셨다. 1950년도에 그 숫자가 약 50만 명에서 100만 명이 채 안 되는 기독교인들은 지금 적게는 4천만 명 많게는 1억 명에 이르는 것으로 추산될 정도로 성장했다. 중국 기독교는 체질 개선을 통해서 서구에서 유래한 종교 이미지를 벗고 현지화를 이룰 수 있게 되었다.

하나님은 공산당 정부를 사용하셔서 내지(內地)까지 연결되는 새로운 고속도로뿐 아니라 우상 타파를 통해 통일된 사상의 고속도로, 그리고 중국 만다린 언어의 고속도로를 만들게 하셔서 현재 기독교의 급성장을 이루도록 하셨다. 하나님께선 우리의 아픔과 고통조차도 우리를 위하여 아름답게 사용할 수 있으시다. 우리가 신뢰함으로 그분께 온전히 의지할 수 있다면 말이다.

시베리아에서의 하나님의 손길

지난 봄에 나는 러시아로 출장을 다녀오게 되었다. 몽골국제대학교에서 입학생 정원이 늘면서 러시아와 중국에서 유학 올 학생들을 더 받아야 할 필요가 있었다. 그 쪽의 신입생 유치협력도 필요했고, 추가로 시베리아 지역에 있는 러시아 브리야트 공화국 내의 교육부와 협력할 목적으로 출장을 떠났다.

나를 포함해서 러시아 출신 자매 사역자인 마가리타, 교학처장 김은영 교수와 비서실의 최요한수, 이렇게 4명이 출장에 동행했다. 나와 한 명은 일주일간 울란우데와 치타 두 곳을 들른 후 울란바토르로 돌아오는 일정이고, 나머지 두 명은 그 후 크라스노야르스크, 아바칸까지 다녀오는 일정이었다. 여행을 다녀오는 과정에서 이번에도 하나님께서 함께하심을 깊이 체험하면서 사역자들이 하나님을 더 가까이 느낄 수 있는 기회를 갖고 또 선교적인 산 교육의 장을 가질 수 있었다.

러시아 행 기차를 타기 위해 기차역으로 가는 도중 우리 일행 중 한 명이 러시아 비자를 발급받았을 때 함께 받았던 바우처(voucher, 증명서 일종)를 가지고 오지 않았다는 사실을 알게 되었다. 러시아 여행을 위해서는 여권에 붙인 비자 외에 여행 경유지가 적혀 있는 바우처를 소유해야 하는데, 이 사실을 미처 확인하지 못했던 것이다. 학교 사무실로 되돌아가 바우처를 찾아보았지만 허탕이었다.

나는 짧게 기도한 후에 기차 시간에 늦지 않도록 일단 기차역으로 가자고 말했다. 혹여라도 국경에서 문제가 생기면 그 때 가서 문제를 해결할 방법을 찾는 것이 기차를 놓치는 것보다 낫다고 판단했다. 그리고 일행들에게는 이 일 중에 하나님께서 개입하시기를 기다리자고 했다. 우리 모두 여행 시작부터 긴장감 속에서 기도하는 마음으로 여행을 하게 됐다.

다음 날, 러시아 국경에 도착하자 러시아 세관 공무원들이 기차로 들어와 조사를 시작했다. 우리는 조용히 기도했다. 감사하게도 조사는 간단히 끝났다.

울란우데에 도착했을 때 학교 졸업생들이 나와 우리를 맞아주었다. 그들의 도움으로 나타샤라는 크리스천 자매를 소개받았다. 그 자매 덕분에 그곳에서의 일정을 쉽게 가져갈 수 있었다. 그곳 일정을 소화하면서 하나님께서 우리의 일정에 개입해서 시간을 직접 관리해주신다는 느낌을 받았다.

우리는 약속된 학교로 가는 도중에 브리야트 역사박물관이 그 주변에 있다는 사실을 알게 되었다. 시간이 되면 역사박물관에 가서 그 지역 역사에 대한 이해를 가지면 좋겠다는 생각을 하고 있던 중이었다. 하지만 시간을 내는 것이 쉬워 보이지 않았다. 그러나 그 학교에 갔을 때 교장선생님이 다른 급한 일정으로 우리와의 약속을 일방적으로 취소하고 나타나지 않았다. 그래서 우리는 그 빈 시간을 활용해서 역사박물관을 견학할 수 있었다.

나중에 치타 지역을 방문한 후에 다시 울란우데에 들러서 브리야트 농과대학 관계자와 MOU(Memorandum Of Understanding, 서로 양해된 내용을 확인하기 정식계약 체결에 앞서 행하는 문서로 된 합의) 문안을 교환하기 위해 브리야트 대학을 다시 방문했다. 그 때 대학 관계자 중 한 분이 우리 측 한 명의 지갑을 보여주면서 우리 것이냐고 물었다. 거기에는 몽골 신분증과 신용카드, 몽골 지폐 등 중요한 물품이 많이 들어 있었다. 아마도 며칠 전에 역사박물관에서 흘린 것이 어떻게 브리야트 농과대학의 교수에게 전달되어서 그곳에 보관되었던 것이 아닌가 추정했다. 어떻게 그것이 가능했는지는 지금도 이해되지 않지만 신기하게도 우리 측 형제는 그렇게 잃어버린 지갑을 되찾을 수 있었다.

정확한 타이밍에 예비된 사람

울란우데에서 치타로 가기 위해 기차역으로 향할 때의 일이었다. 우리는 무거운 짐을 어떻게 운반해서 제한된 시간 안에 기차역에 도착해야 할지 난감해 하고 있었다. 거리는 가까웠지만 문제는 짐이 많다는 것과 러시아어를 할 수 있는 사람이 한 명밖에 없는 상황에서 택시 두 대로 움직이기도 어렵다는 것이었다.

우리가 호텔을 막 나서는데, 전날 저녁에 현지 목사님과 함께 식사했던 한식당의 사장님을 만났다. 이 분은 고려인 크리스천으로 울란우데에 와서 몇 년 전 식당을 시작했고, 브리야트 교회를 지성으로 섬기고 있었다. 목사님과 함께 그 식당에서 식사하는 중 사장님 부부가 눈에 들어왔고, 기도해주고 싶다는 마음이 들어 기도했었다.

그런데 바로 다음 날, 역으로 향하는데 호텔 앞에서 여 사장님을 만난 것이다. 그 빌딩에 있는 가게에서 가져갈 물건이 있어서 들렀다는 것이다. 보통은 한두 달에 한 번씩 그곳을 들른다고 한다. 우리가 기차역으로 가는 것을 알고 차로 우리를 태워다주겠다고 자청해주었다. 너무도 정확한 타이밍에 필요한 사람을 만난 것이다.

짐과 사람이 다같이 한 차로 가기는 어려워서 나와 또 다른 한 명이 그 차에 타서 짐을 챙기고, 나머지는 걸어서 역으로 가기로 했다. 나머지 두 명은 역을 향해 도보로 10분 정도 걸리는 거리를 걸어가고 있었다.

그 때, 전날 우리와 만났던 브리야트 공화국의 교육부 관계자를 만났다. 그 사람은 우리 일행을 만난 것을 무척 기뻐하면서 우리를 어떻게 만나야 할지를 찾고 있었다고 했다. 브리야트 공화국 교육부 차관과의 면담시에 우리 측에서 몇 가지 질문한 것이 있었는데, 마침 기차를 타러 가는 도중에 담당 관계자를 우연히 만나 구두(口頭)로 답을 듣게 되었다. 나중에 서신으로 답을 주기로 약속이 되어 있었던 것이지만, 우연한 만남을 통해 우리는 많은 시간과 노력을 줄일 수 있었다.

치타 지역에서도 짧은 시간 동안 여러 학교를 돌며 신입생 유치를 해야 하는 일정이었는데, 그 일정에서도 놀라운 도움의 손길을 경험했다. 함께 했던 직원들이 놀라워하면서 내게 물었다.

"부총장님은 이런 일에 별로 놀라는 기색이 없어 보이네요."

"이런 일은 삶 가운데 지속적으로 경험되다보니 하나님의 개입하심은 새로운 일이라기보다는 일상처럼 다가오네요. 이런 도움이 없이는 하루도 이겨낼 수 없는 시간들이 있었지요."

졸지 않으시고 우리를 지키시는 하나님

몽골 울란바토르로 돌아가기 전 날, 울란우데에서 사역하는 러시아 목사님이 운전해주는 차를 타고 바이칼 호수를 다녀올 수 있었다. 사역자 한 명, 그리고 통역해주는 나타샤 자매와 함께 당일치기로 다녀왔다. 한국의 계절로는 늦은 봄이건만 바이칼 호수는 여전히 꽁꽁 얼어 있어서 그 얼음 위로 차들이 다니고 있었다.

울란우데에서 바이칼의 한 지점까지 오가는 길은 왕복 2차선 도로였다. 돌아오는 길에 운전석 옆자리에 앉아서 잠시 눈을 감고 쉬고 있을 때였다. 문득 이상한 느낌이 들면서 눈을 떠서 앞을 봐야 한다는 마음이 들었다. 그래서 눈을 떠보니 우리 차 앞으로 큰 트럭이 마주 달려오고 있었다. 우리 차가 중앙선을 넘어 달리고 있었던 것이다.

순간적으로 옆 좌석에서 운전하는 목사님이 졸고 있음을 감지한 나는 바로 손을 뻗어서 핸들을 급하게 꺾었다. 트럭이 경적 소리를 크게 울리며 아슬아슬하게 우리를 비껴갔다. 그제야 목사님은 자신이 운전 중 잠깐 잠들었다는 사실을 깨닫고 잠시 차를 도로 갓길에 세웠다.

목사님은 잠시 나타샤에게 운전대를 넘기기로 했다. 문제는 나타샤가 운전을 배운지 그리 오래되지 않았다는 사실이다. 차가 달리던 중 도로에 파손된 부분이 있어서 나타샤가 핸들을 꺾었다. 문제는 빠른 속도에서 핸들 작동하는 법에 익숙하지 않아 차가 여러 번 휘청거리며 다시 중앙선을 넘어서서 마주 오는 차를 향해 달렸다. 차의 움직임을 감지한 나는 다시 눈을 떠서 차의 핸들을 붙잡고 원래의 차선으로 차의 방향을 돌려놓을 수 있었다. 이번에도 대형사고 직전에 위기를 모면할 수 있었다.

돌아보면 눈을 감고 있다가 위기 때마다 눈을 뜰 수 있었던 것은 하나님의 도우심이었다. 하나님의 눈은 졸지 않고 우리를 지키고 계셨던 것이다. 이러한 하나님의 도우심은 늘 우리 가까이에 있다. 아브라함의 긴 여정에 함께하셨던 하나님께서는 오늘도 여전히 우리의 삶에 구체적으로 간섭하고 개입하시며 안내하신다.

우리는 때로 하나님의 도우심을 인식할 수 있지만 어떤 때는 그분의 섬세한 도움의 손길을 인식조차 못하고 지나칠 때도 많다. 시베리아 여행은 하나님의 도우심의 손길을 확실하게 느낄 수 있도록 우리 일행에게 허락된 시간이었다.

아픔이 우리의 사명이 된다

하지만 하나님께서 이런 도우심의 손길을 거두신 것처럼 보이는 순간들이 우리의 인생 중에도 찾아올 때가 있다. 이번 여행 중에서도 이런 순간들을 확인하는 시간이 있었다.

우리 일행이 치타 지역에 머물 때였다. 치타 지역은 레닌과 스탈린의 유배지였던 지역이다. 우리는 그곳에 있는 동안 우리 학교 졸업생이면서 통역을 담당했던 나타샤 자매의 집에 거주하면서 그녀가 섬기는 예수구원교회의 도움을 받아 학교를 소개하는 시간을 가졌다.

그 교회는 시베리아 전역에 걸쳐서 가장 성령의 역사가 강하게 일어나는 교회로 소문나 있었다. 그래서 시베리아 다른 도시의 교회들이 주목하는, 뜨겁고 건강한 교회로 알려져 있었다. 나타샤는 그 교회에서 목사님 비서로 일하면서 교회에 방문하는 서구권 목회자를 위해 통역하는 일도 맡고 있었다.

마침 우리가 도착한 다음 날 저녁은 수요일 기도 모임이 있는 날이었다. 그 기도 모임에서 교회의 여러 사역자들이 나와 자신의 사역의 필요를 잠시 나누고 기도를 요청했다. 그 중 두 사람의 기도 요청이 내 마음에 깊이 파고들었다. 한 분은 감옥의 죄수들을 상대로 사역하는 분이었다. 이 분은 다음과 같이 나누었다.

"우리가 오랜 시간 감옥 사역을 위해서 교도소의 문을 두드렸지만 그 문은 우리에게 굳게 닫혀 있었습니다. 우리가 낙담해 있을 그 때, 한 교도소가 우리에게 문을 열었습니다. 교도소의 여건은 더욱 열악해져 가고 죄수들은 넘쳐나는데 어떤 해결책도 보이지 않는 상황에 절망한 교도소의 책임자가 어떤 방법이라도 한 번 써보라며 우리에게 기회를 주었습니다.

나는 죄수들이 모인 자리에서 나누었습니다. 나도 여기 감옥의 죄수였다고. 내 수인 번호가 몇 번이었는지 밝히면서 내가 감옥 밖으로 나갔다가 어떻게 여기 죄수들 앞에서 이야기를 나누는 사람이 되었는지 궁금하지 않냐고 물었습니다. 거기 모인 사람들이 환호하면서 내게 계속하라고 외쳤습니다.

나는 그 날 그렇게 해서 나를 만나주신 예수님에 대해서 나눌 수 있었습니다. 내 간증이 있고 난 후부터 그들의 눈빛이 달라졌습니다. 그리고 감옥의 분위기가 바뀐 것을 간수들도 느낄 수 있었습니다. 그 후부터 우리는 자유롭게 교도소 사역을 할 수 있었습니다.

그리고 점점 더 많은 교도소들이 우리에게 와달라는 요청을 하기 시작했습니다. 하나님은 나의 감옥생활의 시간을 사용해주셨습니다. 나의 가장 어두웠던 기억이 누군가를 섬기기 위한 도구로 사용된 것입니다. 나는 더 많은 요청에 더 많은 기도의 지원이 필요함을 느낍니다."

또 한 분은 마약 중독자 갱생원에서 일하는 분이었다. 그 분은 자신이 실은 마약 중독자였다고 소개했다. 자신의 어머니의 눈물 어린 기도 덕분에 중독의 사슬을 끊고, 중독자를 위한 사역자로 거듭날 수 있었다고 고백했다.

이 두 분의 사역자의 나눔을 듣는데, 나는 성령께서 내 마음에 속삭이시는 것을 느낄 수 있었다.

"네가 여기서 배워가야 할 것이 있단다. 바로 아픔이 사명이 된다는 사실이란다."

우리를 향한 하나님의 신뢰

다음 날, 나는 먼 여행을 마치고 돌아오신 그 교회 담임목사님과 점심 식사를 하며 대화하는 시간을 가졌다. 지난밤에 들었던 성령님의 속삭임을 확인하고 싶은 생각에 급하게 질문을 던졌다.

"목사님, 어제 기도 가운데 이 교회에서 배워가야 할 것이 있다는 사실을 깨달았습니다. 교회가 활발하게 성장하고 있는 배후에 무언가 비밀이 있음을 느꼈습니다. 그것이 무엇인지 알 것 같기도 하지만 다시 확인받기 원합니다. 나누어 주실 수 있으신지요?"

목사님은 주저하며 겸손하게 답하셨다.

"글쎄요. 저희가 가르쳐줄 것이 있겠습니까? 저희는 아직도 한국 교회로부터 배워야 할 것이 정말 많습니다."

"하나님께서 주신 감동이 있어서 묻는 겁니다. 혹시 나누어주실 내용이 있으신지요?"

"어쩌면 당신이 느끼셨다는 것이 이것과 관련된 것이 아닌가 싶습니다. 나는 원래 벨로루시 출신입니다. 15세에 예수님을 구주로 영접하고 그분을 위해 내 일생을 바치기로 결심했습니다. 그 후에 선교사가 되기로 마음먹고 시베리아 지역으로 들어왔습니다.

하지만 여러 해가 지난 어느 날, 나는 힘들어하는 나를 발견했습니다. 이곳은 너무 추웠고 황량했습니다. 여기에는 문화라고 할 만한 것이 없었습니다. 내가 있던 벨로루시가 그리웠습니다. 그리고 이곳 사역도 버거웠습니다.

그러던 어느 날, 고등학생이었던 제 아들이 집에 돌아오지 않았습니다. 며칠동안 아들을 찾아 헤매었죠. 여러 날이 지나 결국 아들은 시체로 발견되었습니다. 아들의 사인(死因)을 알기 위해 수소문하던 중 경찰 간부가 우리 교회를 찾아왔습니다. 그리고는 당장 조사하는 일을 중단하라고 말했습니다. 만약 계속 법석을 떠는 경우 교회가 문을 닫게 될 것이라고 경고하더군요.

저는 이 도시가 정말 싫었습니다. 그리고는 이제 떠날 이유가 분명해졌다고 생각했습니다. 가족들과 함께 기도하는 시간을 가졌습니다. 하나님의 확증을 받기 위해 한 번만 더 기도해보고 떠날 준비를 하려고 했던 것입니다.

그런데 기도하는 중에 하나님께서 분명하게 말씀하셨습니다.

'이제 내가 네게 사명을 하나 주겠다. 너는 교회가 복음을 가지고 이 도시의 한 사람 한 사람을 찾아가게 해라. 그래서 복음이 네 아들을 죽인 그 살인자에게까지 미치도록 해라.'

나는 이 음성을 듣고 얼마나 울었는지 모릅니다. 어쩌면 이것이 지금

제 사역이 일어나고 있는 배후의 비밀이 아닐까 싶습니다."

나는 그 말을 듣는 순간, 지난 밤 내 마음에 감동으로 왔던 것이 무슨 의미인지 명확하게 깨달았다. 우리의 아픔 배후에는 우리의 사명이 숨겨져 있다. 예수님께서 십자가의 고통을 지심으로 많은 사람들을 위로할 자격을 가지신 것처럼 우리의 아픔과 고통의 시간이 우리를 사명자로 세워지게 하는 것이다.

하나님께서 우리의 삶을 인도하고 보호하기 원하시지만 때로 우리 삶에 원치 않았던 아픔과 상실의 순간이 주어질 수 있다. 이런 아픔을 허락하시는 배경에는 우리를 향한 하나님의 신뢰가 있다. 하나님께서 아브라함에게 이삭을 바치라고 명령하신 배경에는 이제는 아브라함을 신뢰할 수 있겠다는 아브라함을 향한 하나님의 믿음이 있었기 때문이다.

사탄은 욥이 하나님께 순종하는 이유는 하나님께서 그를 늘 보호하시기 때문이라고 보았다. 그래서 하나님께서 그 보호막을 거두시면 욥이 하나님께 실망하고 떠날 것이라고 주장한다. 그러나 하나님은 욥을 신뢰하셨다. 욥을 향한 하나님의 보호막이 걷힐지라도 욥은 하나님께 순종하고 그분을 따를 것이라는 확신이 있었다. 그래서 하나님은 모험을 감행하셨고 욥을 위한 보호막을 잠시 거두셨다. 그 배경에는 하나님의 욥을 향한 깊은 신뢰가 있었다.

이 땅을 향한 가슴 아픈 아버지의 마음

우리는 아픔을 통해서 하나님의 마음을 조금이나마 체휼할 수 있는 기회를 얻는다. 몇 년 전, 나는 모스크바에서 열리는 러시아 코스타에서 강의하기 위해 모스크바를 방문한 적이 있었다.

모스크바는 세계 수도 중에서도 가장 물가가 비싼 곳이라는 악명을 가지고 있다. 실제로 그 물가는 과히 세계 최고 수준임을 알 수 있었다. 경제 구조 속에 마피아와 정부 권력자들의 부정한 결탁이 있음을 반영하는 것이다. 이는 결국 서민들의 생활고가 극심할 수밖에 없음을 보여준다.

날씨는 어둡고 일주일 내내 눈발이 날렸다. 그 땅의 영적 음울함 때문에 많은 중보 기도가 필요함을 느꼈다. 코스타 집회 후 토요일과 주일 이틀을 더 머무는 일정이었기에 금요일 저녁과 토요일 오후 모스크바의 곳곳을 보고자 했다. 하버드대학 박사과정 시절, 부전공이 러시아 중세사였다. 그래서 러시아의 역사적 현장을 둘러보고 싶은 마음이 있었다.

주일 아침에 한 교회에서 말씀을 전하고 저녁 비행기로 돌아가야 하기에 다른 강사 분들과 함께 묵고 있던 게스트하우스에서 아침 일찍 준비하고 있을 때였다.

그 게스트하우스를 관리해주는 우즈베키스탄 출신의 한 자매가 얼굴이 피투성이가 된 채 우리 쪽으로 피신했다가 우리가 앉아 있던 식탁 앞에서 주저앉았다. 우리가 그 자매를 돌보는 사이 잠시 후, 그 뒤를 자매의 남편이 몽둥이를 들고 따라왔다. 아내를 강제로 끌고 가려는 것이었다. 한 선교사님이 남편을 화장실로 보내서 문을 잠갔다. 러시아에서는 문을 밖에서도 잠글 수 있기 때문이다. 우리가 생각하기로는 그는 마약을 한 것 같았다. 남자는 창문으로 나가 집 전원을 끊은 후 도망갔다.

잠시 후 그는 권총을 가지고 와서 위협탄을 발사한 후 우리에게 총구를 겨냥하며 위협했다. 우리를 한쪽으로 몰아세우고 그는 아내에게 다가갔다. 그러자 그녀는 정신을 잃고 쓰러졌다. 그는 그녀를 한참을 때리다가 잠시 중단하고는 끌어안고 울기 시작했다.

나는 그 장면을 보면서 마음이 아파서 견딜 수 없었다. 두렵다기보다는 마음이 쓰렸다. 전날 미술관에서 보았던 미술 작품 하나가 생각났다. 그 작품은 잔혹한 황제 이반 뇌제가 정신이 혼미해져 그의 아들의 관자놀이에 끝이 뾰족한 쇠지팡이를 던져 피투성이가 되게 했다는 역사에 기초한 그림이다. 이반 뇌제가 정신이 들어 넋이 나간 눈으로 피투성이가 된 아들을 붙잡고 우는 모습을 화폭에 담은 것이다. 그 우즈베키스탄 커플을 보면서 그 장면이 계속 머리에 맴돌았다. 얼마 후 그들의 친지들이 와서 사태를 수습했고 두 사람을 데려갔다.

우리는 정신을 추스른 후 우리를 데리러 온 차에 몸을 실었다. 내 마음 속에서 계속 흘러나오는 눈물이 있었다. 죽음의 공포보다 더 큰 아픔이 내 마음에 저며 왔다. 이 땅에서의 삶의 아픔이 내게 전이되는 것 같았다.

그들의 아픔을 만져주어라

폭력적인 정치의 역사, 음울한 겨울, 아픈 가족사, 도덕적으로 무너진 동방 정교회. 이것들이 러시아인의 예술에 대한 집착과 민족적 문화적 자부심으로 포장되어 있다고 느껴졌다. 왠지 아름다운 불빛으로 포장된 아름다운 크렘린의 밤풍경과 그 어두움 뒤에 가려진 폭력성이 내 머리 속에 아우러졌다.

순간 하나님께서 이러한 일을 보게 하신 이유가 무엇일까 생각해보았다. 나는 당시 몽골에서 함께 사역하고 있던 이송용 교수를 코스타에 데려갔었다. 하나님께서는 우리 두 사람에게 러시아에 대한 하나님의 마음을 주시기 원하신다는 생각이 들었다. 나는 몽골국제대학교에서 러시아로부터 온 많은 학생들을 품어주어야 했다. 그들의 마음과 생각의 심연에 그들이 경험했던 폭력과 아픔과 두려움을 만져주라고 하나님께서 말씀하시는 것 같았다.

그 아픈 마음으로 한 한인 교회에서 중고등부 예배 시간에 아버지의 마음에 대해 설교했다. 그들 가운데 통곡이 터져 나왔다. 어떻게 아이들에게 저런 눈물이 숨겨져 있을까 싶을 정도였다. 하나님께서는 그 땅의 아픔을 함께 나누라고 그곳에 한인 교회를 세우셨다. 그래서 그 교회의 지체들 중에 많은 이들이 다양한 아픔을 겪고 있었는지도 모른다.

이송용 교수와 나는 나눔을 통해서 죽음 가까이의 마음 졸이는 순간을 허락하신 배경에는 하나님 아버지 그분의 이 땅을 향한 가슴 아파하심이 있음을 확인했다. 우리가 섬겨야 할 러시아 학생들을 품을 수 있기 위해서는 그분의 아픈 마음이 우리에게 부어져야 했다. 하나님은 우리가 위기라고 생각되는 어려운 순간을 사용하셔서도 우리에게 당신의 마음을 전달하신다.

CHAPTER 05

복의 통로된 자에게만 허락되는 특별한 축복

야곱의 삶을 가꾸시는 하나님

아브라함의 인생 후반에 찾아오셔서 그와 동행하시면서 그의 삶을 아름답게 가꾸어 가신 하나님은 야곱의 삶에서도 그의 삶의 모습을 변화시키기 원하셨다. 얍복 강가에서의 야곱과 하나님과의 씨름, 그리고 그것을 통한 변화의 과정은 하나님이 우리와 연합하기 위해 우리를 변화시키시고 만지시는 과정에 대한 다양한 영감을 전달해준다.

> 야곱이 심히 두렵고 답답하여
> 자기와 함께한 동행자와 양과 소와 낙타를 두 떼로 나누고
> 이르되 에서가 와서 한 떼를 치면 남은 한 떼는 피하리라 하고

야곱이 또 이르되 내 조부 아브라함의 하나님,

내 아버지 이삭의 하나님 여호와여

주께서 전에 내게 명하시기를 네 고향, 네 족속에게로 돌아가라

내가 네게 은혜를 베풀리라 하셨나이다

나는 주께서 주의 종에게 베푸신 모든 은총과 모든 진실하심을

조금도 감당할 수 없사오나 내가 내 지팡이만 가지고

이 요단을 건넜더니 지금은 두 떼나 이루었나이다

내가 주께 간구하오니 내 형의 손에서,

에서의 손에서 나를 건져내시옵소서

내가 그를 두려워함은 그가 와서

나와 내 처자들을 칠까 겁이 나기 때문이니이다

…

야곱은 홀로 남았더니 어떤 사람이 날이 새도록 야곱과 씨름하다가

자기가 야곱을 이기지 못함을 보고 그가 야곱의 허벅지 관절을 치매

야곱의 허벅지 관절이 그 사람과 씨름할 때에 어긋났더라

그가 이르되 날이 새려하니 나로 가게 하라

야곱이 이르되 당신이 내게 축복하지 아니하면

가게 하지 아니하겠나이다

창세기 32:7-11, 24-26

그 변화가 어떤 의미인지 이해하기 위해서는 먼저 얍복 강가에서 하

나님을 만나 변화되기 이전 야곱의 모습을 살펴볼 필요가 있다. 야곱은 적어도 하나님이 살아 계시다는 사실은 잘 알고 있었다. 그는 하나님을 자신의 조상의 하나님, 즉 아브라함의 하나님 그리고 이삭의 하나님이라고 고백했다. 즉 자신의 조상들이 만났던 하나님에 대해 들어서 알고 있었다. 그러다가 그는 하나님과 직접적인 만남의 순간을 통해 점차 체험적인 신앙을 가지게 된다. 그는 벧엘에서 천사가 오르내리는 사닥다리를 환상으로 보았으며, 또 자신이 가는 길 좌우에 하늘에서 보낸 두 부대가 도열해 같이 가고 있는 것을 보았다. 그래서 하나님의 군대를 만난 그 땅을 두 부대라는 뜻의 '마하나임'이라고 불렀다.

야곱은 하나님이 자신에게 복 주실 수 있는 분임도 잘 알았고, 그 복을 간절히 원했다. 하나님의 복을 얻기 위해 그는 형 에서와 경쟁했으며 아버지 이삭을 속이기도 했다. 어려운 순간이 닥쳐 기도할 때마다 하나님의 인도하심과 보호를 구했다.

그리하여 자신보다 더 약은 외삼촌 라반의 꾀로 인해 손해를 입지 않도록 하나님께서 돌봐주시는 것도 경험했다. 어쩌면 이 모습은 교회 안의 많은 모태신앙 크리스천의 모습이기도 하다. 이 정도 수준이면 현대 교회에서 믿음이 좋은 형제자매라고 인정받을지 모른다. 하나님에 대한 체험도 있고, 하나님이 살아 계셔서 우리 삶에 개입하시는 분이라는 사실을 잘 알고, 그분에 대한 경외감도 있으니 이 정도면 충분하다고 생각할 것이다.

야곱에게 허락된 특별한 연단

하지만 하나님께서 그 상태의 야곱을 쓰기에는 결정적으로 부족한 부분이 있었다. 그 부분을 해결하시기 위해서 하나님께서는 특별한 연단을 야곱에게 허락하신다. 야곱에게 평생 넘어야 할 산처럼 여겨지는 것이 있었다. 바로 형 에서와의 관계의 문제였다. 하나님께서 야곱보다 힘이 세고 더 남자다운 형 에서를 야곱에게 붙이신 이유가 무엇일까?

오래 전, 하나님께서는 이미 쌍둥이가 태어나기도 전에 형 에서의 후손이 동생인 야곱의 후손을 섬기게 될 것에 대해 정해놓으셨다(창 25:23 참조). 야곱이 그토록 힘들어하던 에서와의 경쟁 관계에서 하나님은 많은 부분들을 이미 예정해 놓으셨다. 야곱에게는 믿음의 눈이 없었기 때문에 에서와 경쟁하면서 점점 자신을 힘들게 만들었을 뿐이다.

하나님의 관심은 야곱의 연단에 집중되어 있었다. 이방 여인을 아내로 맞고 자유분방하게 살았던 에서는 야곱을 훈련시키기 위해 사용된 수단일 뿐이었다. 우리가 신앙생활을 하면서 '저 사람만 없으면 내가 참 편하게 신앙생활할 수 있을 텐데'라며 힘들어하는 사람이 있을 것이다. 우리를 힘들게 만드는 가시 같은 존재인 그가 어쩌면 우리를 변화시키기 위해 하나님께서 에서와 같이 잠시 사용하는 연단의 도구일지도 모른다.

야곱은 하나님의 복을 쟁취해서 얻을 수 있는 것이라고 오해했다. 야곱에게 주어질 복은 팥죽 비슷한 스프 한 그릇이나 또는 아버지 이삭의 축복 여부로 정해지는 것만은 아니다. 야곱의 축복은 하나님의 섭리와 주권으로 이미 예정되어 있던 것이다. 야곱이 자신의 수단을 사용하면

할수록 그는 힘든 상황 속으로 들어갔다. 비록 어머니 리브가가 시킨 일이긴 하지만 아버지를 속이고 형에게 갈 축복을 가로챔으로 그와 에서의 문제는 더 꼬여갔다. 야곱은 힘으로 이기기에는 부담스러운 상대인 형을 피해 달아나려고 했다.

그 결과 야곱은 자신보다 더 약은 외삼촌 라반 밑으로 들어가 다른 종류의 연단을 받았다. 에서와 라반 사이, 지역적으로는 가나안 동남쪽의 에돔과 가나안 북쪽의 밧단아람 사이에서 그는 샌드위치 신세가 되었고, 결국 그 연단을 통해 야곱은 하나님께로 나아가게 된다.

야곱의 생각과 달랐던 축복

야곱이 원했던 복은 장자의 축복, 물질적 축복, 안전과 평안의 축복, 자녀의 축복 등이었을 것이다. 그러나 하나님께서 무엇보다 야곱에게 주기를 원하셨던 복이 있다. 그것은 바로 '하나님 자신'이었다. 그런데 하나님을 주시기 위해 먼저 해결해야 할 부분이 있었는데, 바로 야곱 자신의 변화였다. 야곱이 보낸 그 험한 세월이 그의 변화를 위해 요구되었던 시간이다.

밧단아람에서 외삼촌 라반 밑에서 살고 있던 야곱에게 하나님은 지시하셨다. 그 땅을 떠나 아버지의 집, 아버지가 살고 있는 하나님이 허락하신 땅, 가나안으로 되돌아가라는 것이다. 어떤 사람에게는 고향을 떠나 살다가 다시 자신의 고향으로 돌아가는 것이 하나님이 주시는 소명인 경우가 있다. 그는 도망갔던 길을 거슬러 내려가야 했다. 야곱이 밧단아람으로 도망간 여정은 그의 조부 아브라함이 하란에서 하나님의 지시를 받아 가나안으로 내려왔던 길을 따라가는 것이었다. 밧단아람은 아브라함이 하나님의 명령을 받기 이전에 살았던 곳이었다.

또한 그가 도망 중에 잠시 거처했던 벧엘은 아브라함이 머물면서 하나님께 예배했던 곳이었다. 그의 이 모든 여정 하나하나가 하나님의 계획 가운데 예비된 것이었다. 가나안 땅에서 아브라함을 만나주셨던 하나님께서 야곱을 만나주시기 위해 그를 기다리고 계셨다.

하나님에 대한 신뢰의 수준

아버지의 집으로 돌아가는 데 야곱의 마음에 가장 걸리는 문제가 있었다. 형 에서와 대면해야 한다는 사실이었다. 야곱은 하나님의 명령에 순종해서 길을 떠나기는 했지만 에서를 대면할 용기가 없었다. 이미 오랜 시간이 지났건만 해결되지 않은 감정의 문제는 그대로 남아 있기 마련이다.

야곱이 고향으로 돌아가는 일은 야곱이 예전에 정리되지 않은 채로 떠났던 그 관계를 다시 대면하게 하는 것이다. 이 상황에서 하나님께서는 야곱을 위로하고 담대함을 주기 원하셨던 것 같다. 다시 아버지 집으로 돌아가는 길에 야곱은 하나님의 사자(使者)들을 만난다. 마치 그가 가출해서 도망하던 길목에서 천사들이 사닥다리를 오르내리는 것을 보여주셨을 때처럼 하나님의 사자인 천사를 만난 것이다. 그러나 야곱이 평안할 수 있었던 기간은 에서가 400명을 데리고 그에게로 온다는 사신들의 전언을 듣기 직전까지였다.

야곱은 에서가 자신을 미워하고 있다는 선입견이 있었기에 에서가 사람들을 데리고 오는 것을 자신을 공격하기 위한 것이라고 판단했다. 일반적으로 생각할 때 옳은 판단일지 모른다. 한편 에서가 그에게 오는 이유에 대해서 아직 충분한 정보가 주어지지 않은 상황에서 미리 떨며 방황하는 야곱의 모습은 그가 아직 하나님을 충분히 신뢰하지 못하고 있음을 보여준다.

야곱은 매우 두렵고 답답하여 자신이 낼 수 있는 꾀를 다 동원한다. 먼저 자신이 가지고 있는 무리들을 두 떼로 나눈다. 한 떼가 공격받으면 다른 한 떼를 데리고 피할 생각에서이다. 위기의 순간이 닥치면 우리의 우선순위가 무엇인지 드러나게 되어 있다. 그는 위기 상황을 맞아서 자신이 버릴 수 있는 것과 버리기 아쉬운 것들을 정리하기 시작했다. 그리고 나서야 마음을 추스르고 야곱은 기도하기 시작했다.

기도의 내용을 보면 아주 훌륭한 내용이다. 자신에게 주신 언약을 기억하여 아뢰고 또 그동안의 인도하심을 기억하며 또 앞으로의 위험에서 구해달라는 내용이다. 이 기도의 내용을 보면 야곱은 훌륭한 믿음의 소유자인 것처럼 보인다.

그러나 그 기도 직후 야곱의 모습을 보면, 그는 여전히 자신의 방법을 신뢰하고 있다. 기도 직후 그는 에서에게 보낼 선물을 준비하기 시작했다. 꾀를 내어 준비한 선물을 여러 떼로 나누어서 보냈다. 여러 번에 걸쳐 단계적으로 형의 마음을 풀어보려고 했던 것이다. 어떤 사람들은 이러한 야곱의 방식에 대해 하나님께 기도하면서 자신이 할 수 있는 최선의 방법을 찾아 노력하는 모습이 지혜롭다고 생각할지도 모른다.

그러나 야곱의 이러한 방식은 자신이 한 기도를 하나님께서 정말 듣고 일해주실 것인지에 대해 확신이 없었음을 보여준다. 그는 자신의 방식을 더 신뢰했다. 그것이 야곱이 살아온 방법이었다. 하나님을 의지하기에는 자신이 너무 컸다.

믿음 없는 자아와 하나님의 씨름

야곱은 밤에 일어나 가족들을 깨우고 짐을 챙겨서 얍복 강을 건너게 한다. 이것은 무슨 뜻인가? 형 에서에게 예물을 보내놓고 야곱은 밤새 잠을 이룰 수 없었다. 아무리 자신이 방책을 세워도 그것으로는 부족해보였다. 두려워 떨던 그는 일단의 무리들을 버려두고 가족들을 깨워 강을 건너게 했다. 불안이 엄습하는 가운데 재산은 포기하더라도 가족들만큼은 살려야겠다는 생각을 한 것이다.

얍복 강은 요단 강의 한 지류로써 동서로 흐르고 있었다. 당시 야곱과 그의 가족들은 북쪽에서부터 요단 강줄기를 따라 내려왔고, 이미 얍복 강 남쪽 지역에 있었다. 그가 지나온 마하나임은 얍복 강 남쪽에 있던 것으로 추정된다. 하나님께서 가라고 하신 가나안은 남서쪽에 있었다. 그리고 남동쪽인 에돔 지역에서 에서가 북쪽을 향해 달려오고 있었다. 얍복 강 남쪽에서 북쪽으로 강을 건넌다는 것은 후퇴를 의미했다. 틀어진 방향이었다. 야곱은 불안이 극도로 치닫자 하나님을 더 이상 신뢰할 수가 없었다. 하나님께 자신의 가족들을 맡길 수 없었다.

그런 그가 가족들을 강 저편으로 보내놓고 홀로 남았다. 왜 가족과 함께 있지 않았을까? 위기의 순간에는 결국 혼자 남을 뿐이다. 가장 외로운 모습으로 어딘가에 남아 있었다. 스스로의 노력으로 현실을 극복하려고 애쓰고 또 애쓰지만 해결할 수 없어 결국 홀로 남았다. 혹 야곱이 가족들을 보호하기 위해서 홀로 남았을까? 그랬다면 그는 자신의 하인들과 같이 남았어야 했다. 야곱은 혼자라도 살기 위해 그렇게 했을 수 있다.

점점 더 위기가 가까이 온다고 느끼자 그의 우선순위가 더욱 분명해졌다. 가족까지 저버리는 가장 이기적인 모습으로 야곱은 홀로 남아 있었던 것이다. 최후에 남은 것은 바로 '나'였다. 이 '나'는 하나님과 대척적인 방향에 서 있었다.

그 때 어떤 사람이 야곱과 밤새도록 씨름을 한다. 그 어떤 사람은 후에 '하나님'이었음이 밝혀졌다. 우리는 위기의 순간에 결국 하나님 앞에 홀로 서게 된다. 광야 속의 광야이다. 내 속에 숨은 자아를 대면하고 또 하나님을 대면하는 자리이다.

그런데 왜 서로 씨름을 했을까? 어떤 이는 이 장면을 보면서 야곱이 기도한 것이라고 해석한다. 어떤 이는 야곱이 하나님과 기도의 씨름을 한 것이고, 결국 목숨을 건 기도로 하나님의 축복을 얻어낸 것이라고 생각한다. 즉 열심히 기도해서 결국 하나님을 이기고 하나님의 뜻을 굴복시키고 자신이 얻고자 한 축복을 완성하는 것이 옳다는 이해방식이다.

과연 그럴까? 열심히 떼를 써야 하나님께서 축복해주시고, 위험에서

구해주시는 것일까? 씨름을 기도라는 상징으로 설명할 수 있는 부분이 있긴 하지만 분명한 것은 이 씨름은 실제 상황이었다. 그것은 씨름을 한 후 야곱이 다리를 절게 되었던 것을 알 수 있다. 그렇다면 하나님은 왜 굳이 야곱과 씨름을 하고 있었을까? 이것은 야곱의 이기적인 지향과 하나님의 사명이 부딪히는 상황이었다.

하나님께서는 말씀하셨다.

"남쪽으로 가라. 네 예전의 관계를 대면해라. 아버지의 집에 돌아가기 위해서 위협을 느껴도 에서를 대면해라."

야곱은 가능한 한 문제를 피해가고 싶었다. 모험하고 싶지 않았다. 그러한 그를 하나님은 붙잡았다. 문제를 피해가려던 야곱은 실은 하나님으로부터 도망하려 한 것이다.

현실의 두려움 앞에 문제를 회피하고자 하는 야곱 자아의 몸부림이 한 지향이었고, 야곱이 도피하려는 틀어진 관계라는 현실을 직면하도록 이끄는 하나님의 시도가 또 다른 지향이었다. 이 싸움은 믿음 없는 자아와 하나님 사이의 씨름이었다. 도망가려는 야곱과 그것을 친히 말리시는 하나님 사이에서 일어난 씨름이었다. 그런데 하나님이 이길 수 없는 상황이 되었다.

우리 자아가 항복될 때

왜일까? 우리 자아가 항복될 때까지는 하나님은 일하실 수 없다. 자식을 이기는 부모가 과연 몇이나 될까? 하나님은 인격적인 분이다. 강제로 우리 안에 들어오려 하지 않으신다. 우리가 고집을 부리는 동안 하나님은 기다리실 수밖에 없다. 둘째 아들이 유산을 달라고 했을 때 떠나보낼 수밖에 없었던 아버지처럼.

내게도 비슷한 경험이 있다. 몽골은 1년 중 8개월 넘게 겨울이고, 가정마다 석탄을 때기 때문에 공기는 늘 석탄 연기로 가득하다. 그래서 아이들은 겨울이면 대부분의 시간을 실내에서만 보내야 했다. 아이들이 갑갑해 하는 것을 풀어주기 위해 나는 당시 7살 된 큰 아이 동연이와 칼싸움을 자주 하곤 했다. 보통은 동연이가 이기게끔 일방적으로 져주는 게임을 한다. 동연이가 휘두르는 정의의 칼날에 나는 추풍낙엽처럼 쓰러지곤 했다.

그러던 어느 날, 동연이가 정정당당하게 굴복하는 법을 배우게 해야 한다는 생각을 했다. 나는 아이의 칼을 쳐서 떨어뜨린 후 내가 가진 장난감 칼로 살짝 옆구리를 찔렀다. 그리고 모른 척 소리치며 좋아하는 시늉을 했다.

"와! 아빠가 이겼다."

그러자 동연이는 시무룩해 하더니 곧장 방으로 들어가서 문을 닫았다. 달래려 방으로 들어가는 엄마에게 동연이는 울먹이며 말한다.

"나 억울해요. 아빠는 나를 이겼다고 어떻게 저렇게 좋아할 수 있어요?"

나는 아이를 그대로 재우면 안 되겠다는 생각이 들었다.

"동연아, 아빠랑 칼싸움 한 판 더 붙을래?"

"그래요. 아빠 아까 비겁했어요."

이번에는 동연이가 휘두르는 칼에 내가 맞고 쓰러질 차례였다. 그렇게 쓰러져서 동연이에게 한마디 던졌다.

"동연아, 많이 세졌는데!"

"그죠? 이번엔 내가 새로운 작전을 걸었거든요!"

득의양양한 동연이의 웃음을 보면서 나는 내가 아들을 결코 이길 수 없다는 사실을 깨달았다.

우리가 고집을 부리는 한 하나님이 우리를 어떻게 할 방법이 없다. 자발적이지 않은 순종은 의미가 없기 때문이다. 결국 하나님은 야곱의 엉덩이뼈를 어긋나게 하는 방법을 쓰셨다. 씨름에서 뼈를 위골(違骨)시키는 것은 반칙처럼 보인다. 하나님께서 이기려다 안 되니까 야곱을 상대로 반칙을 쓰신 것일까? 아니다.

유목민에게 있어서 이동성은 생명과 같다. 과거 몽골인들은 움직일 수 없게 된 노인들을 안락사 시키는 전통이 있었다. 이동할 능력이 없으면 죽은 존재와 다를 바 없다는 인식이 있었기 때문이다. 적이 처들어와도 일단 도망가면 살 수 있다. 야곱은 에서에게 힘으로 이길 수 없으니까 도망갈 생각부터 한다. 하나님은 그가 도망할 생각을 하자 의지하고 있던 수단을 건드리셨다. 야곱이 끝까지 믿었던 것은 두 다리였다. 그 중에 하나를 치신 것이다. 극약 처방이었다. 야곱의 꾀는 완전히 꺾였고 최악의 상황에 봉착한 것이다.

그리고는 하나님은 이제 떠나시겠다고 했다. '네가 그렇게 믿을 만한 존재라면, 그래 이제 네 힘으로 어떻게 하겠니?'라는 메시지이다.

이제는 야곱이 하나님을 붙잡는다.

"내게 복을 주십시오. 그렇지 않으면 보내드릴 수 없습니다."

이 말을 덧붙여 말하자면 다음과 같다.

"내 노력으로는 이제 이 상황을 넘어설 수 없습니다. 당신이 이겼습니다. 당신의 축복만이 나의 유일한 탈출구임을 인정합니다. 내 인간적인 모든 노력을 포기합니다. 당신의 방법이 나를 지배할 것입니다."

야곱은 싸움의 과정에서 자신이 대결하고 있는 상대가 하나님인 줄 이미 알고 있었다. 싸움의 방향을 통해서 알았을지 모른다. 그가 가려는 방향이 하나님이 가라 하신 방향과 반대였다. 하나님의 방향으로 당기는 그 사람을 보면서 그가 하나님이실 것이라는 생각을 하기 시작한 것은 아닐까?

하나님께서는 복에 대해서 언급하기 전에 야곱에게 물으신다.

"네 이름이 무엇이냐?"

'너라는 사람이 그동안 추구해 온 것이 무엇이었니? 네게 최고의 우선순위가 무엇이었니?'라고 물으시는 것이다. 야곱은 대답한다.

"야곱, 즉 속이는 자였습니다. 경쟁하는 자였습니다. 나만을 위해서 살아온 삶이었습니다."

하나님께서 말씀하신다.

"이제는 네가 바뀔 것이다."

야곱이 바뀌는 것은 자신이 할 수 있는 것이 아니었다. 하나님께 자아가 항복했을 때 하나님께서 하시는 것이다.

하나님께서 다시 말씀하신다.

"네게 새 이름을 주겠다. '이스라엘'이라고 해라. 네가 하나님과 사람과 더불어 싸워 이겼다."

이 말씀은 야곱에게 무슨 일이 일어났는지를 잘 설명해준다. 야곱의 자아와 하나님 사이의 두 지향 사이에 야곱이 있었다.

싸움에서 승리한 야곱의 변화

야곱은 이 싸움에서 결국 승리한 것이다. 그가 승리할 수 있었던 이유는 하나님께 항복했기 때문이다. 야곱이 하나님을 이긴 것이라기보다는 하나님께 축복을 구함으로 이 긴 싸움을 승리로 마무리할 수 있었던 것이다.

그 후 이스라엘 백성은 명칭이 가진 뜻대로 이스라엘의 역사 가운데 자아와 하나님과의 지속적인 충돌을 겪는다. 이 충돌의 역사는 바로 언약 백성으로 만들어져 가는 과정이다. 또한 우리의 영적 성장 과정을 압축한 하나의 모본이기도 하다.

하나님은 야곱의 상황을 바꿔주시지 않았다. 대신 야곱을 바꿔 주셨다. 자아를 내려놓을 수 있도록 이끌어주셨다. 아침 해가 돋았을 때 야곱은 에서를 만날 용기가 났다. 야곱이 변했다는 사실을 에서와 대면해서 한 그의 말에서도 확인할 수 있다.

"형님을 뵈니까 하나님의 얼굴을 뵙는 것 같습니다."

야곱의 마음이 바뀌고 두려움이 떠나니 평생의 경쟁자이자 숙적이었던 에서가 다르게 보이기 시작했다. 상황이 아닌 야곱 자신이 바뀐 것이다. 실은 야곱이 두려워했던 이유는 자신 안에 있던 에서에 대한 이미지 때문이었다.

전에는 형의 것을 빼앗으려던 야곱이 이제는 자신이 가진 것을 형과 진심으로 나누려고 했다. 전에는 자신을 보전시켜주는 대가로 예물을 주려고 했다. 대가를 바라는 선심이었다. 그러나 이제는 그것도 바뀌었다. 그는 하나님이 주신 축복을 형과 나누려는 태도를 가지게 되었다.

야곱의 태도가 바뀌고 에서와의 관계가 해결되자 야곱은 살면서 더 이상 에서로 인한 어려움을 겪지 않았다. 에서는 하나님의 역사에서 그렇게 사라졌다. 그의 '야곱 조련사'로서의 역할이 끝났기 때문이다.

우리가 받을 첫 번째 복

축복과 광야의 연단은 같이 가는 패키지였다. 하나님께서는 우리를 축복의 통로를 만드실 때, 우리의 삶에 반드시 연단의 사람을 붙여주신다는 것을 기억해야 한다. 하나님의 관심은 우리가 바뀌는 데 있다. 힘든 사람을 붙여주시는 이유이다.

문득 누가 어떻게 은혜를 받고 변화되는가에 관심이 있던 나에게 하나님이 말씀하셨다.

"나의 관심은 너다. 네가 바뀌어야 한다."

학교에서 사역을 하면서 상황이나 관계의 어려움이 있었다. 이 문제를 두고 기도하는데, 마음에 하나님의 말씀이 전해졌다.

"상황은 언제든 바뀔 수 있다. 네가 바뀌지 않기 때문에 해결되지 않고 있는 것이란다."

야곱은 하나님의 복을 구했다. 하지만 그에게 진짜 필요한 복이 무엇인지 그가 이해하는 데에는 시간이 필요했다.

그에게 필요한 복은 하나님 자신이었다. 그리고 그것은 하나님이 정하신 방법과 타이밍에 주어졌다. 하나님과의 관계 속에서 그분이 살고 내가 죽는 것, 그리고 나의 삶에 대한 하나님의 주권을 인정하는 것, 그것이 내가 받을 첫 번째 복이다.

3 part

순종의 네 마음에 나의 은혜를 부으리라
내가 너에게 약속한 새 땅을 주리라

내가 가 본 적이 없는 낯선 길, 이 길을 걷는 걸음 하나하나가 중요하다.
거기에 난 발자국이 다음 사람을 위한 지표가 되기 때문이다.
나의 사역의 성공 여부가 중요하기보다는 그 사역의 부르심 가운데
한발 한발 걸어가는 그 걸음 자체가 의미를 가진다는 깨달음이 임한다.
그 발자국에 하나님께서 새로운 영향력을
담아주시겠다고 도전하시는 것을 느낀다.

CHAPTER 06

감사가 넘치는
떠남의 여정

생각대로 일이 풀리지 않을 때

아브라함이 떠나고 그가 처음 만난 것은 약속의 땅에서의 기근이었다. 그는 그 어려움을 피하기 위해 약속의 땅을 떠나 애굽 땅으로 피신한다. 하나님의 인도하심을 충분히 신뢰하지 못했기에, 스스로 살 길을 찾기 위해 농업 생산량이 많고 풍요한 애굽으로 떠난 것이다.

그곳에서 그는 자신이 살아온 방식대로 살아남으려 했다. 애굽의 바로 왕에게 아내 사라를 여동생이라 소개했다. 혹 애굽 왕이 아름다운 사라를 탐하게 될 때 올 생명의 위협에서 자신을 보호하기 위한 조처였다. 실제 두려워했던 대로 애굽 왕에게 사라를 빼앗기게 된 후 결국 그의 꾀와 계획이 그를 도울 수 없게 되었다.

하나님은 그 후에야 일하기 시작하셨다. 하나님은 신체적으로는 연로했지만 영적으로는 어린아이였던 아브라함을 성장시키기 원하셨다. 이 과정을 통해 아브라함은 하나님과 관계 맺는 법을 배워간다. 하나님의 관심은 아브라함의 봉사와 섬김이 아니었다. 그와 하나님과의 관계 맺음 그리고 그로 인한 아브라함의 성숙이었다.

사역의 방향과 의미에 대해 나름대로 구체적인 생각으로 움직여야겠다고 느낄 무렵, 우리 가정은 큰 변화를 맞이했다. 아내가 배 속에 넷째 아이를 가졌다는 사실을 알게 된 것이다. 원래 우리 부부는 아이를 둘만 낳아서 잘 기르면 된다는 생각이 있었다. 그래서 《같이 걷기》 책에서도 고백했듯이 아내가 셋째 아이를 임신했을 때 자못 충격이 있었다. 그러나 하나님께서 셋째를 통해 우리 가정에 주시기 원하시는 축복을 이해하게 되었을 때, 우리는 셋째를 기쁨으로 맞이할 수 있게 되었다.

그 때 아내는 이렇게 고백했다.

"여보, 이제 하나님께서 넷째를 주셔도 내가 감당할 수 있을 것 같아요. 이 녀석, 이렇게 예쁜데 안 낳았으면 어떻게 할 뻔 했나 싶어요."

하지만 나와 아내는 더 이상 아이를 가질 계획은 전혀 하지 않고 있었다. 이제 본격적으로 새로운 사역의 전선에 막 뛰어들려고 하는 상황에서 갑자기 뜻하지 않게 넷째가 생긴 것이다.

"하나님, 이제 새로운 사역 때문에 바빠지게 될 텐데 이 상황에서 우리 발목이 묶이면 어떻게 합니까?"

나는 당황스럽고 의아했다. 무언가 하나님의 계획이 있으리라는 생각과 신뢰가 있었지만 여전히 마음은 눌리고 부담이 있었다. 아내 또한 충격이 컸다. 나이 마흔에 늦둥이 셋째 아이를 낳고 이제 두 돌이 되어 가는데 다시 넷째를 가졌다니 앞이 캄캄한 시간을 보냈다. 아내는 미국에 와서 하나님께서 예비하신 많은 것들을 만나며 마음이 많이 고양되어 있었다. 하나님의 섬세한 배려하심을 여러 방면으로 경험하면서 마음속으로 고백했다.

'하나님, 저를 어떻게 사용하려 하시든지 제가 기쁨으로 주님을 따르겠습니다.'

실은 앞으로 하나님께서 맡겨주실 선교 사역을 염두에 둔 고백이었다. 그런데 그 고백을 하고 얼마 후 넷째 아이를 가진 것을 알게 된 것이다.

마치 하나님께서는 이렇게 대답하시는 것 같았다.

"내가 너에게 정말 원하는 것이 있단다. 그것은 내가 맡기는 아이를 기쁘게 맡아주는 것이란다."

셋째 아이를 낳을 때와 마찬가지로 하나님은 동일한 도전을 주셨다.

"네가 이 아이를 맡아주는 것이 내가 너에게 원하는 가장 큰 헌신이란다."

아내가 이것을 하나의 사명으로 인식하고, 마음으로 기꺼이 받아들이는 데 한 달이라는 시간이 필요했다.

아내는 이전의 임신과는 달리 초반에 어려움을 겪었다. 그동안 아이를 가지면서 입덧이 그다지 심하지 않았는데, 이번에는 제법 심하게 입덧을 했다. 또한 비교적 많은 나이에 아이를 갖게 된 탓인지 임신 초반에 몸이 평소보다 많이 무거워 보였다. 아내가 심신의 안정을 취해야 했기에 세 아이들을 돌보고 집안 살림을 하는 것이 온전히 내 몫이 되었다.

긴장된 시간을 보내면서 아내 곁을 지켜야 했으므로 집회 일정을 최대한 줄였다. 글 쓰는 시간도 가질 수 없었다. 심지어 개인 홈페이지에 들어가 볼 마음의 여유조차 없었다. 그러다보니 나는 자연스레 전업주부의 삶을 살게 되었다.

명함 없는 삶

실은 미국에 오면서 모처럼 명함이 없는 삶을 살았다. 앞으로 하게 될 사역이 구체적으로 정해지지 않았기 때문에 처음 인사를 나누는 분들에게 내가 어떤 사람이고, 어떤 사역을 하는 사람인지를 소개하는 것이 어렵게 느껴지곤 했다.

우리는 교회에서 서로를 소개하고 이해하는 데 어떤 직업을 가지고 있는지가 중요하게 작용한다. 하지만 우리가 어떤 하나님을 만났고, 어떻게 하나님과 관계 맺고 있느냐가 어쩌면 가장 중요한 우리의 정체성일 수 있다.

나에게 있어서 가장 중요한 정체성은 어쩌면 선교사의 정체성 이전에 한 여자의 남편이자 세 아이와 세상에 나올 한 명의 아이의 아빠라는 생각을 한다. 실은 다른 일은 내가 없어도 되지만, 이 일만큼은 내 존재가 꼭 필요한 영역이었다.

그 무렵 나는 내가 어떤 존재인지 다른 사람에게 한두 문장으로 나를 설명하는 것이 곤란한 시간 속에 살고 있었다. 나는 아내가 아이를 낳기 직전과 그 후 3개월 동안 꼬박 집안일에 전념하며 아내와 아이들을 돌봐야 했다. 그 일이 익숙해지면서 주부 습진이 무엇인지, 좋은 고무장갑이 왜 필요한지를 비로소 이해할 정도가 되었다.

나는 아이들 간식도 챙겨 먹이고, 시장 봐 오고, 집안 청소도 하고, 설거지 하고, 아이들 목욕에 기저귀 갈아 채우는 일까지 내 손이 닿지 않는 집안일이 없을 정도가 되었다. 셋째 아이를 어떻게 달래고 재워야 하는지도 어느 정도 터득이 되었다. 아이들과 가까워질 수 있는 이 기간을 오히려 충분히 기쁨으로 누리자고 마음을 다잡기도 했다.

하나님, 지금 손해 보는 것 아니세요?

그러면서 한 편으로 느낀 것은 집안일이라는 게 하루 종일 해도 별로 표가 나지 않는다는 사실이었다. 하루 종일 일해도 진전이 없어 보이고, 다람쥐 쳇바퀴 도는 듯한 일상이 이어지는 것을 느낄 때면 내가 제대로 시간을 사용하고 있는 것인지 의문이 들기도 했다.

물론 생명을 키우는 모든 일이 귀하고 가정에서의 부모 노릇도 중요한 일이며, 우리가 하는 모든 일이 다 거룩한 일이 될 수 있다는 것을 나는 잘 알고 있고 그렇게 가르쳐왔다. 하지만 막상 반복되는 하루 일과로 지쳐서 무거워진 몸을 침대에 맡길 때 내 감정과 영혼도 같이 무거워진 느낌을 지울 수 없었다.

어느덧 몸이 피곤해서 새벽 기도도 못하고 개인 경건의 시간도 놓치고 성경책을 손에 놓은 지도 오래된 느낌이었다. 기껏해야 막내 아이를 재우면서 기도하는 것이 그 날 내 기도의 전부가 되는 날도 있었다.

나 자신을 자책하면서 내 안에 질문이 솟아오르곤 했다.

"하나님, 제가 지금 잘 가고 있는 건가요? 이렇게 시간을 허비해도 좋은 건지요? 내가 꽁꽁 묶인 느낌입니다."

그럴 때면 하나님이 이렇게 대답하시는 것 같이 느껴지곤 했다.

"난 네가 그렇게 집안일하고 있는 게 좋단다. 그 일이 네게 의미 있고 중요한 일이란다."

하지만 당시에는 왜 그 일이 그토록 중요한 일인지 정확하게 이해할 수 없었다.

"만약 내가 큰 집회에 가서 말씀을 전한다면 훨씬 많은 사람들이 도전을 받고 하나님의 선한 영향을 받을 수 있을 텐데요. 하나님, 왜 나를 이런 환경 속에 묶어두십니까?"

나는 하나님께서 내게 넷째 아이를 주심으로 내 시간을 너무 낭비하게 하시는 것이 아닌가 하는 의구심이 들었다.

"하나님, 지금 손해 보시는 것 아니세요? 제가 한창 일할 시기에 지금 이대로 썩고 있는 느낌이 듭니다. 글을 쓸 일도 많은데 손 놓고 있고요. 집회와 사역 준비도 못하고 있습니다. 미국 떠나서 다시 선교지로 갈 때까지 이러고 있어야 합니까?"

하나님은 묵묵부답이셨다. 마치 이렇게 말씀하시는 것 같았다.

"네게 필요한 일이란다. 이 시간을 잘 이기면서 또 누리는 법을 배우려무나."

돌아보니 하나님의 시간 계산법은 나의 계산법과는 크게 달랐다. 어떤 시기에는 하나님께서 분(分) 단위로 중요한 사람들을 만나게 하시며 중요한 일들이 이루어지게 하시는 것을 보았다. 하나님께서 나를 막 몰아가시면서 짧은 시간 내에 중요한 진전이 이루어지도록 이끄시는 손길을 느낄 때가 있었다. 그 때는 하나님께서 여러 가지 방법으로 나의 시간을 밀도 있게 쓰도록 도우시는 것을 경험하게 된다.

그런가 하면 어떤 때는 벽에 가로막혀 한 치도 나아가지 못하고 한 자리에 머물러 있게 하실 때가 있다. 그 때는 모든 방법이 허사가 되고 옴짝달싹 못하고 갇혀 있는 듯한 상황 속에서 인내하며 기다리고 있어야 한다.

실은 이 두 가지 상황 모두가 하나님 방식에 나를 맞추도록 조율하시는 하나님의 인도하심이다. 하나님의 시간 계산법이 때로는 우리의 계산법과 매우 다르게 느껴지기도 하는 이유가 여기에 있다.

이것은 나의 일이란다

한 번은 차를 운전하면서 하나님께 또 한 번 묻는 시간을 가졌다.

"하나님, 저에게 새로운 선교지에서 선교를 위한 대학교 설립이라는 일을 진두지휘하라는 중책을 맡기시지 않았습니까? 이 일을 위해서는 앞으로 할 일이 산더미인데 저는 이렇게 애만 돌보고 있고 가정 하나 겨우 꾸려가기 버겁습니다. 제가 지금 제대로 가고 있는 것인가요?"

그 때 하나님께서 내게 내 일상생활에서의 한 장면을 떠오르게 하셨다. 당시 나는 아이들이 쉬운 집안 일에 참여하여 부모를 돕는 법을 가르치려고 아이들에게 손쉬운 일을 맡길 때가 있었다. 예를 들면, 슈퍼마켓에서 장을 보고 오면 차고에서 집안에 있는 큰 아이 둘을 부른다.

"얘들아! 아빠가 장을 봐 왔는데 너희들, 이것 좀 냉장고 앞에까지 날라줄 수 있겠니?"

그러면 아이들이 나와서 차 트렁크에서 봉지들을 나른다. 큰 아이는 모처럼 아빠 앞에서 힘자랑을 하듯 생수 병 한 팩을 통째로 들어올린다.

"어, 나 이거 한 번에 들어서 옮길 수 있어요."

그러면 나는 아이를 대견해하며 칭찬한다.

"와! 너 이거 혼자서 들 수 있어? 야, 대단한데. 벌써 다 컸구나!"

아이들이 앞서거니 뒤서거니 장 본 물건을 나르면 나는 아이들 뒤를 따르며 박수를 치며 격려해준다. 아이들한테 부모의 일에 동참하는 일이 기쁜 일이 될 수 있다는 사실을 각인시켜주기 위해서이다.

하지만 어떤 일에 대해서는 아이가 접근하지 못하게 한다. 한 번은 우리 집에 경고장 하나가 날아왔다. 잔디밭에 잡초가 너무 많이 자랐으니 잡초를 제거하라는 내용이었다. 그래서 하루는 제초제를 사와서 잔디밭에 뿌리려고 앞뜰로 가지고 나갔다. 그런데 셋째 아이는 제초제 스프레이를 물총이라고 생각했다. 재미있는 물총 놀이를 하는 줄 알고 자기도 그 물총을 쏴보겠다며 밖으로 나오려 했다.

나는 아이에게 소리쳤다.

"하연아! 너, 밖에 나오면 안 돼. 빨리 들어가라. 첫째야! 빨리 애 데리고 방으로 들어가. 절대 밖에 나오지 못하게 해야 한다."

내가 그렇게 할 수밖에 없었던 이유는, 그 일은 아이들의 일이 아니었기 때문이다. 그것은 아이가 잘할 수 있는 일도 아닐 뿐만 아니라, 아이에게 위험할 수 있는 일이기 때문이다. 아이가 볼 때는 그것이 재미있어 보일 수 있지만 그 일은 아이가 나를 도와서 할 수 있는 종류의 일이 아니다. 아이가 끼어들게 되면 일이 꼬이고 복잡해지게 된다.

그 장면이 떠오를 때, 하나님께서 내게 이렇게 물으신다고 느꼈다.

"너희 집에 도둑이 들면, 너는 자는 아이들을 깨워서 '아빠 좀 도와줘. 너희라도 좀 도와줘야겠다' 그러겠니?"

그 때는 아이들을 안전한 곳에 숨겨 두어야 한다. 이 순간은 아이들이 조용히 있고 아빠가 나서야 하는 때이다.

이어 하나님께서 이렇게 질문하시는 것 같았다.

"무슬림이 주인으로 살고 있는 땅에서 그곳 언어, 문화, 환경도 잘 이해하지 못하는 상황에서 거기에 대학 세우는 일이 네가 할 수 있는 일이니?"

"아니요. 실은 제가 할 수 없어요."

솔직히 고백했다.

"저는 가정 일 하나도 감당 못하고 버거워하는 존재입니다."

나는 그 때 깊은 감동함으로 울리는 마음의 진동을 느꼈다.

"그래, 맞아. 그건 네 일이 될 수 없어. 그건 나의 일이란다."

그 말씀이 내 가슴에 울리는 순간 내게 찾아오는 깊은 평안이 있었다. 하나님의 말씀이 온전히 내게 임할 때, 나는 내 안에 있던 굴레와 짐이 벗어지고 자유로워지는 느낌을 받았다. 하나님이 나를 꽁꽁 묶어놓으신다고 느꼈던 순간이 실은 하나님께서 조용히 일하고 계시는 순간이었다.

현대의 경쟁 사회 속에서 이러한 기다림을 연습한다는 것은 어쩌면 자신을 죽이는 일일지 모른다. 또한 자신이 죽어야 이러한 기다림이 가능할 것이다. 그리고 이 기다림 뒤에는 무한한 하나님에 대한 신뢰가 전제된다.

내가 맡은 일은 내 일이 아니라 '하나님의 일'이라는 깨달음이 오고 난 후, 나는 어렴풋이 하나님이 내 대신에 일하시는 손길을 느끼기 시작했다. 물론 전부터 일하고 계셨겠지만 그것을 몸으로 감각으로 인지할 수 있었던 것은 그 깨달음 이후부터였던 것 같다.

하나님의 타이밍

올 봄, 인도네시아에서 세계기도성회(WPA)가 열리기로 예정되어 있었다. 그 대회는 1회 때 한경직 목사님의 주도로 한국에서 열렸고, 그 성회 이후 한국 교회가 큰 성장을 보게 되었다. 이번에는 인도네시아에서 바통을 이어받아 한국 교회와 연합으로 이 행사를 치르고 싶어 했다.

실은 나도 그 집회에 참석하고 싶은 마음이 있었다. 인도네시아의 한인 교회들과 함께 그 행사에 참석하는 것을 계기로 자연스럽게 인도네시아 교계의 지도자들과 만남의 자리를 가지면 좋겠다는 바람 때문이었다.

인도네시아에서 교육 분야로 인도네시아 교회를 섬기려면 먼저 그분들의 필요를 봐야 했다. 그러려면 교계의 안목 있는 분들과의 교류가 필요하다고 느꼈다. 그런데 문제는 아내의 몸 상태로 보건대 아이들 셋을 아내에게만 맡기고 일주일 이상 집을 비우고 인도네시아에 다녀오는 것은 무리였다. 결국 가족을 돌봐야 하기 때문에 인도네시아 일정에 대한 마음을 접어야 했다.

그리고는 마음속으로 이렇게 기도했다.

"이 모든 것이 하나님의 타이밍 가운데 있음을 고백합니다. 하나님께서 늦추시면 천천히 가겠습니다. 하나님께서 제가 가야 할 필요가 없다고 보시면 거기서 멈추겠습니다."

그 후에 재미있는 일이 생겼다. 당시 내가 출석하고 있던 애틀랜타연합장로교회에서 4세에서 14세까지 어린아이 선교를 위한 컨퍼런스가 열리게 되었는데, 그 일의 진행을 맡은 선교사님의 강권으로 컨퍼런스의 한 분과를 섬기게 되었다. 나는 주로 대학생을 대상으로 사역해왔기 때문에 그 행사에 참석하는 것이 내게 꼭 필요한지 잘 느낄 수 없었다.

나는 하나님께 이렇게 말씀드렸다.

"제가 왜 이 행사에 있어야 하는지 잘 모르겠습니다. 혹시 제가 만나야 할 사람이 있나요? 만약 그렇다면 제가 만날 사람을 찾으러 다니지 않을 테니 그 분이 저를 찾아오게 해주세요."

그 행사에는 국제적인 선교 동원가인 루이스 부시(Luis Bush) 박사가 참석하고 있었다. 그 분이 저녁 만찬 때 마침 주빈들과 함께 내 옆 테이블에 앉아 있었다. 마침 그 테이블에서 대화 중에 자유주의 신학교 출신이 보수적 신앙을 유지하는 것이 가능한지에 대해 서로 의견이 엇갈리게 되었다고 한다. 그중 한 분이 하버드대학 출신 중에서도 좋은 신앙인이 있을 수 있다는 이야기를 하면서 옆 테이블에 있는 나를 그 테이블로 데려가는 일이 벌어졌다.

엉겁결에 그 테이블로 자리를 옮겨 사람들과 대화를 나누던 중 루이스 부시 박사와도 대화를 나누게 되었다. 그 분은 내게 자연스럽게 올 11월 인도네시아에서 열릴 '세계변혁회의'(Transform World Summit)를 소개했다. 그리고 내게 교육 분과 위원장으로 섬겨줄 수 있겠냐는 요청을 했다. 내가 그 회의에 참석하는 인도네시아 교계 지도자들의 면면을 살펴보니, 아쉽게 참석하지 못했던 세계기도성회(WPA)를 주도했던 인물들이었다.

실은 그 분들 한 분 한 분이 교계에 영향력 있는 분들이고 무척 바쁜 분들이다. 내가 그 분들을 만나고 싶다고 해서 쉽게 만날 수 있는 사람들이 아니다. 그런데 놀랍게도 루이스 부시 박사를 통해서 그 분들과 자연스럽게 연결이 된 것이다. 이메일 몇 통으로 조용하지만 중요한 네트워킹이 일어났고, 결국 내가 일하지 않고 멈춰 서 있는 가운데서도 하나님께서 나를 위해 일해주시는 것을 목도할 수 있었다. 이것이 하나님의 일하심임을 나는 감지했다.

조용히 일하고 계시는 하나님

그 후로도 지속적으로 나는 그저 가만히 있지만, 하나님께서는 일하고 계시는 것을 경험하게 되었다. 특별히 함께 일할 팀을 꾸리는 일과 관련해서, 이러이러한 사람들이 필요하다고 머릿속으로 생각하고 있으면 여러 통로로 몇 주 안에 필요한 사람들과 연결되는 일이 벌어졌다.

나는 집안일에 파묻혀서 한 곳에 머물러 있었지만, 특별한 어려움 없이 필요한 사람들과 연락되는 일이 생기는 것이다. 필요한 사람을 정확한 타이밍에 만나는 일은 가장 중요하면서도 가장 어려운 일이다. 그 일 가운데 하나님의 일하시는 손길을 경험하는 것은 놀라운 축복이다.

인도네시아에 들어와 세계변혁회의에 참석하는 가운데에서도 하나님의 손길의 인도하심을 다시 한 번 확인할 수 있었다. 나는 인도네시아의 교계 지도자들이 기독교교육에 지대한 관심을 가지고 있다는 것을 미리 들어서 알고 있었다. 그래서 그 분들을 만나 인도네시아 교회의 필요에 대해서 자세히 듣기 원했다.

인도네시아 기독학교들의 위기

인도네시아 교회는 50여 년의 시간 동안 많은 기독교 대학과 기독교 초중고교를 세우고 운영해왔다. 그러나 일부는 자유주의 신학의 영향으로, 또 일부는 헌신된 교사 부족으로 서서히 쇠퇴의 길을 걷게 되었다. 내가 방문한 많은 기독교 대학과 학교는 몇몇의 특수한 예를 제외하고는 학생들의 영적, 인성적 양육에는 손을 놓고 있었다. 그들은 재정 부족을 가장 큰 어려움으로 꼽고 있었다.

그러나 나는 그 학교들의 쇠퇴 이면에 더 근본적인 문제가 있다는 것을 발견했다. 그들 학교의 교직원 3분의 1이 무슬림이라는 사실이다. 그리고 나머지 교수진이나 교사들의 상당수가 명목상의 교인일 뿐이었다. 그들은 교직 자체를 하나님이 부르신 사역지로 보지 못하고 있었다.

현재 인도네시아 기독교 학교들은 운영상의 어려움으로 문을 닫는 경우가 많다. 반면 기독교도들이 다수인 지역에 중동의 오일 머니(Oil money, 원유 생산으로 벌어들은 돈, 중동계 자금)로 좋은 시설의 회교 학교들이 세워지고 있다. 초등학교 시절 교회에서 기독교 신앙 안에 자랐던 아이들이 회교계 중고교에 들어가면서 회교로 돌아서는 경우가 많이 보고된다.

하지만 재정 문제 이전에 더 큰 문제가 있는데, 그것은 헌신된 교사의 부족이다. 인도네시아 교회의 주류는 중국계 이민자들이다. 이들은 자녀들이 돈을 많이 버는 직업을 가지기 원한다. 그래서 교회나 교인 가정에서도 자녀들이 신앙이 좋아도 기독교교육이나 선교에 헌신할 것을 장려해본 적이 없다.

현재 인도네시아 기독교 학교에는 교원 자격증도, 대학 졸업장도 없는 다수의 교사들이 근무하고 있다. 그런데 인도네시아에 새로운 교육법이 제정되어, 2014년까지 학교에서는 더 이상 자격증이 없는 교원들을 고용할 수 없게 되었다.

기독교 학교는 비상이 걸렸고 전 교회적 차원에서 부랴부랴 방법을 찾고 있다. 그 중 하나가 여러 섬에 흩어진 학교 교사들을 원거리에서 교육할 수 있는 인터넷 시스템을 구축하는 것이다.

하나님이 그들의 마음문을 여셨다!

올 봄 세계기도성회(WPA)를 준비했던 인도네시아 교계 지도자들은 기독교교육의 중요성을 절감하고 있었다. 그리고 나 또한 그들과 어떤 식으로든 교류하며 도울 방법을 찾는 것이 필요함을 느꼈다. 한국 교회의 헌신된 좋은 인적 자원들이 인도네시아 교회의 필요를 채울 수 있도록 도움이 되면 좋겠다는 생각을 했다.

그러려면 먼저 현지 관계자들의 필요에 대해서 들어야 했다. 그리고 그 분들이 원하는 방식이 어떤 것인지 배워야 했다. 그리고 어느 한편의 일방적인 도움이 아니라 협력을 통해 서로를 의지하며 일하는 것이 가장 건강하다는 생각을 했다.

그러나 인도네시아 문화의 특성상 바로 들어가서 사람을 만나는 것은 무척이나 어렵다. 여기에서는 관계를 맺기 위해서 오래 기다려야 한다는 것을 깨달았다. 처음부터 외부인에게 선뜻 마음을 열지 않는다. 더군다나 이 사회는 지도자 몇몇에게 모든 권한이 집중되어 있으며 이들은 무척이나 바쁘다. 소개를 통해 올라가서 만나는 것도 어려운 일이다. 내가 미국에 있을 때 연락처를 알아서 이메일로 글을 보내보았지만 연락이 닿지 않았다.

내가 세계변혁회의를 위해 인도네시아 발리 공항에 도착해서 공항

픽업을 기다리고 있을 때, 청바지 차림의 아담한 몸매의 한 현지 목사님을 만났다. 그는 조한 한도조 목사님으로, 미국의 리디머 교회 컨퍼런스 때 그 분의 강의를 들은 적이 있었다. 그는 이 회의의 주최 측 대표였고 인도네시아의 존경받는 교회 지도자다. 이메일을 보내도 연락이 닿지 않았던 그 분을 공항에서 만났다. 그 분은 내가 보낸 이메일에 답을 하지 않았을 뿐 이미 나에 대해서 알고 있었다. 호텔로 출발하는 차에 올랐을 때 그는 나에게 손짓하며 자신의 옆에 앉아달라고 했다. 그 차에서 약 1시간 동안 우리는 깊은 대화를 나눌 수 있었고 그 대화는 대회 기간 중에도 계속되었다.

이번 회의를 재정적으로 후원한 한국의 할렐루야교회에서 또 7년 후 회의를 주최하기로 결정함에 따라 몇 개의 순서를 한국 측에서 맡기로 했다. 회의에 참석한 한국 측 리더 그룹 쪽에서 내게 개회식 기도를 부탁했다. 숫기도 적고 앞에 나서기를 부담스러워 하기에 나는 그 큰 공식 행사를 시작하는 기도 순서를 왜 내가 맡아야 하는지 잘 이해되지 않았다.

불편한 마음으로 개회장에 들어가서 마음을 정리하며 조용히 기도하고 있을 때, 나는 강한 하나님의 임재를 느끼고 엉엉 울어버렸다. 하나님께서 이곳에 모인 이들을 특별히 사랑하시고 기름 부으시기 원하신다고 느꼈다. 그리고 그 마음을 기도 가운데 전달하고자 하는 마음이 임했다.

기도 후에 인도네시아 측 대표자들이 마음을 열고 나를 대해주었다.

이만 산토소 목사님은 "당신은 성령에 대해 아주 민감한 분이네요"라고 하면서 나를 안아주셨다. 그 분은 전 세계적으로 존경을 받는 인도네시아 교계의 얼굴인데, 그 분과 서로 대화하고 교제할 수 있는 시간을 가질 수 있었다. 그 기도로 세워지고 또한 교육 분과의 책임자를 맡으면서 많은 인도네시아 분들과 교제하고 소통하기가 무척 쉬워짐을 느꼈다.

실은 그 일을 위해서 하나님께서 나를 그 자리에 세워주셨다는 사실을 깨달았다. 이 일이 내 일이 아니고 하나님 일이라고 하신 말씀의 의미가 다시 한 번 내 마음속에 각인되었다.

하나님이 하시는 일 vs 내가 하는 일

서로가 서로를 섬기기 위해서는 네트워킹이 필요하다. 그러나 그 네트워킹은 나의 노력만으로 되는 것이 아님을 깨닫는다. 내 경험으로는 내가 하나님을 정말 잘 섬기기 원하는 마음을 가지고 그분께 의지할 때 내 형편과 상황에 알맞게 사람들을 만나게 하시고, 그 만남을 통해서 일하게 하심을 경험한다.

내가 조바심내지 않아도 그분이 예비하신 타이밍에 그분이 기뻐하는 사람들과 만나게 된다. 그리고 그것이 하나님이 주신 만남이라면 아름다운 열매를 맺게 된다.

게으름과 안식은 다른 것이다. 안식은 하나님이 일하실 수 있도록 기회를 맡겨드리는 적극적인 믿음의 표현이다. 게으름은 기회를 상실하게 만들지만 안식은 새로운 기회를 맞이할 마음의 준비를 하는 믿음의 반응이다.

하나님이 하시는 일과 내가 하는 일 사이에 드러나는 극명한 차이가 있다는 것을 경험에서도 들 수 있다. 내가 박사 논문을 쓰기 위해 논문 준비만으로 보낸 시간이 약 4년이다. 이 시간 동안 나의 가장 주된 관심은 논문이었다. 나는 하루의 일과 중 가장 많은 시간과 에너지를 논문 쓰는 데 할애했다. 논문이 나온 후 그것을 읽은 독자의 수는 많이 잡아도 50명 미만 정도가 아닐까 싶다.

한편 《내려놓음》 책을 쓰는 데 걸린 시간은 대략 한 달 반 정도였다. 그 기간 동안 책만 쓴 것도 아니었다. 다양한 사역을 해야 했기에 책을 쓰는 일은 나의 주된 일이 아니었다. 하지만 하나님께서 함께해주실 때 책 쓰는 일은 무척 쉬운 일이 되었다. 그렇게 쓴 책의 판매 부수가 그간 73만 부가 넘었다. 많은 독자가 그 책을 읽었고 감동이 있었다는 이야기도 많이 들었다.

박사 논문 저술은 기본적으로는 내가 나를 위해서 한 작업이라고 할 수 있다. 반면에 《내려놓음》 책 저술은 하나님께서 당신의 사역을 위해서 일해주신 산물이라고 생각된다. 물론 학술 논문과 일반도서 출판을 직접 비교하기는 어렵다.

그렇지만 저술을 위해 소요된 시간에 비해 독자의 수나 그 영향력을 비교해보면 엄청난 차이를 실감하게 된다. 내가 미칠 수 있는 영향력의 범위와 하나님께서 당신의 사역을 위해 잠깐 일해주시는 일의 영향력의 차이라고나 할까.

하나님의 일을 준비하는 할례의 시간

여호수아서 5장에 보면 하나님께서 이스라엘 백성에게 할례를 받게 명하시는 장면이 나온다.

> 요단 서쪽의 아모리 사람의 모든 왕들과 해변의 가나안 사람의 모든 왕들이
> 여호와께서 요단 물을 이스라엘 자손들 앞에서 말리시고
> 우리를 건너게 하셨음을 듣고 마음이 녹았고
> 이스라엘 자손들 때문에 정신을 잃었더라
> 그 때에 여호와께서 여호수아에게 이르시되
> 너는 부싯돌로 칼을 만들어
> 이스라엘 자손들에게 다시 할례를 행하라 하시매
>
> 여호수아서 5:1,2

그런데 그 타이밍이 절묘하다. 이스라엘 백성이 하나님의 능력으로 갈라진 요단 강을 건넜다는 사실을 가나안의 백성과 왕이 듣고 두려워 떨고 있었다. 이제 적진으로 공격해 들어가야 하는 긴장감 도는 시기에, 이스라엘 백성들 중 싸움에 나가야 할 젊은 장정들이 자신의 몸에서 가장 예민한 부분에 칼을 대는 것이다.

실은 항생제나 진통제가 발달한 오늘날에도 포경수술을 하면 여러 날 힘든 시간을 보내야 한다. 수술 도구라고는 돌칼이 전부였을 당시에 허허벌판에서 할례를 행한 이스라엘 장정들은 며칠간을 장막에서 끙끙

앓아누워 있어야 했을 것이다. 이 순간은 이스라엘 군대의 전투력이 제로에 가까워지는 때이다. 적이 쳐들어오면 꼼짝없이 당할 수밖에 없는 상황에서 이들은 오직 하나님의 강력한 보호하심에만 기댈 수밖에 없었다.

당시 할례를 명하신 하나님의 관심은 이스라엘이 전투력을 배가시키기 위해 전력을 기울이게 하는 것이 아니었다. 하나님의 관심은 이스라엘의 거룩함에 있었다. 그들이 거룩할수록 하나님이 그들과 함께 일하시는 것이 쉬워지는 것이다.

이스라엘이 자신의 연약함과 수치와 예민한 부분을 드러내고 가장 약한 그 시기가 하나님의 일을 준비하는 기간이었다. 안식일이 하나님의 날이 되는 이유 중 하나도 여기에 있다. 그래서 광야에서 하나님께서 이스라엘 백성에게 안식일의 의미를 가르치신 것이다. 적극적으로 쉬며 안식하는 시간이 어떻게 보면 가장 적극적으로 하나님께서 일하시도록 돕는 것이 되기도 한다.

어찌 보면 내가 가정에서 아이 돌보는 일로 한숨짓고 있던 순간이 하나님의 일을 준비하는 할례의 시간일 수 있겠다는 생각이 들었다. 우리가 꼭 수도원이나 기도원 같은 곳에 들어가 있어야만 하나님의 안식을 누리고 경험하는 것은 아닐 것이다.

내게는 모든 시간을 집안일에만 쏟아야 했던 이 경험이 수도원에서의 생활 이상으로 하나님을 경험하게 했다. 비록 경건의 시간으로 나아갈 충분한 시간을 얻지 못했지만 나의 탄식과 한숨이 나의 기도와 예배와 묵상이 되었다. 우리는 일상의 삶 속에서도 수도원에서 할 수 있는 깨달음을 가질 수 있다.

그런 깨달음이 들자 나는 하나님께 이렇게 고백할 수 있었다.

"하나님, 저에게 계속 이렇게 살라고 하셔도 제가 감사할 수 있겠습니다."

내가 그 고백을 했을 때 이제 비로소 이 시간이 거의 끝나간다는 것을 알게 되었다. 무미건조해 보였던 시간의 의미들을 알게 되니 이제는 그것이 더 이상 힘든 시간으로 다가오지 않았다.

내 은혜가 네게 족하다

그 무렵 내가 속해 있던 신학교에서 세계 기독교의 중심이 서구에서 아시아 지역으로 옮겨가고 있는 현상과 아시아 지역에서의 기독교 선교에 대해 나누어달라는 요청을 받았다.

자료를 준비하면서 나는 중국의 가정 교회가 겪은 박해와 현재 놀랍게 성장하고 있는 중국 교회에 대한 내용을 다룬 책들을 읽게 되었다. 중국의 가정 교회 지도자들이 받았던 박해에 대한 부분을 읽고 있던 중, 한 분의 짧은 간증이 뇌리에 와서 박혔다.

현재 중국의 가정 교회 리더 그룹들은 평균 23년간을 감옥 또는 노동 수용소에서 복역했다. 중국 정치의 격변기 때마다 감옥을 드나들었으므로 대략 최소 7번 정도 감옥에 갇히는 경험을 했다. 그는 두 번째로 감옥에 갇히게 되었을 때 극심한 두려움을 느꼈다. 무엇보다도 가혹한 고문이 무서웠다.

자신의 연약한 육체로는 그것을 견뎌낼 수 없을 것이라는 불안감에 사로잡히자 그는 자살을 결심했다. 감옥 천장에 있는 백열전구를 깨고 전류가 흐르는 전선에 손을 댔지만, 단지 전기 충격으로 바닥에 굴러떨어졌을 뿐 그의 자살 시도는 실패로 돌아갔다.

밖에서 그 광경을 목격한 간수는 그에게 고함을 질러댔다. 그는 더 어려운 환경의 독방으로 옮겨졌다.

그 때 그는 처음으로 선명한 하나님의 음성을 듣게 된다. 죽고 싶어도 죽지 못한 채 낙담한 패배자의 모습으로 있던 그에게 하나님이 주신 말씀은 너무나 의외의 말씀이었다.

"내 은혜가 네게 족하다."

놀라운 사실은 그 말씀을 받고 한참을 울고 난 후 그는 더 이상 고문으로 인한 통증을 느끼지 않게 되었다고 한다. 인생의 가장 밑바닥으로 떨어진 그에게 하나님께서 당신의 은혜가 족하다고 하시는 그 말씀이 내게 도전으로 다가와 마음에 박혔다.

그리고 얼마 후 그 말씀이 이해되면서 나도 고백할 수 있었다.

"그렇습니다. 어떤 상황에서도 당신의 은혜가 족합니다. 내가 설령 감옥의 나락으로 떨어질지라도 여전히 하나님의 은혜가 내게 족할 것입니다."

하나님은 23년간을 감옥에 묶어두고 훈련시킨 지도자들을 이제 풀어 사역의 현장으로 옮기셨다. 현재 그 중국의 지하교회 지도자는 한 해에

천 명이 넘는 사람들에게 세례를 주고 있다고 한다. 한 사람이 평생 할 수 없는 일들을 단 한 해 동안 가능하게 하시는 것이다.

지금 중국에서는 한 해에 수백만 명이 하나님께로 돌아오고 있다. 이러한 놀라운 부흥의 배후에는 오랜 시간을 인내함으로 견디게 하셨던 하나님의 섭리의 비밀이 숨겨져 있다.

무의미한 일상에서 만나주시는 하나님

내가 아이를 키우면서 경험한 내용이 어쩌면 직장을 구하지 못해 몹시 지친 분들, 조기은퇴 이후 불안해하시는 분들, 가정에서 무의미해 시간을 낭비하고 있다고 느끼는 주부, 육아에 지친 엄마, 원하는 학교에 가지 못하고 재수의 길에 들어선 이들에게도 동일하게 주어지는 메시지가 될 수 있겠다고 느낀다.

내가 받은 이야기가 이 땅에서 불운한 환경 때문에 자신이 방치되고 있다고 느끼는 분들, 자신이 지금 기회를 잃어버리고 있을지 모른다는 불안감으로 지내고 있는 분들, 자신이 원하는 걸 이룰 수 없을 것 같은 좌절감 때문에 힘들어하는 분들을 위한 어떤 도전이 되기를 바란다.

아무리 힘든 일 가운데 있더라도 하나님 안에서 그것이 가진 의미가 분명해지고 내 안에 그분의 사랑이 부어지는 것을 느낀다면, 우리는 그 환경 전체를 축복의 패키지로 받아들일 수 있게 된다.

우리에게 주어진 그 모든 환경과 상황을 낭비하지 않기를 소망한다.

우리가 알거니와 하나님을 사랑하는 자

곧 그의 뜻대로 부르심을 입은 자들에게는

모든 것이 합력하여 선을 이루느니라

로마서 8:28

CHAPTER 07

떠남은 날 아버지로
빚으시기 위한 그분의 계획

아버지로 빚어진 시간들

   아브라함을 떠나게 하신 하나님의 계획에는 아브라함을 아버지로 만들고자 하는 계획이 있으셨다. 그를 믿음의 조상으로 세우시기 위해 계획하신 일은 바로 아브라함을 한 아이의 아버지가 되게 하는 것이었다.

   나는 아버지가 될 자격이 있어서 아이를 가지는 것이 아니라는 것을 배웠다. 우리는 아이를 낳기 때문에 아버지가 된다. 아이가 태어나는 순간 우리는 아버지로 빚어지기 시작한다.

   아브라함처럼 늦은 나이에 아이를 가진 것은 아니지만 내게 있어서 셋째와 넷째 아이는 사십 중반이라는, 요즘 세상의 기준으로 상당히 늦은 나이에 얻은 아이들이다. 늦은 나이에 아이를 낳는 장점이 있는데, 그것은 아이를 충분히 예뻐하며 육아 자체를 즐길 수 있는 여유를 가진다는 점이다. 첫째와 둘째아이는 유학 시절에 갖게 되었다. 당시 안정적이지 않은 유학생인 나는 시간에 쫓기고 있었다. 그래서 아이를 보면서 아이들이 하루빨리 크기를 바랐다. 아이들이 사랑스럽고 소중하기는 했지만, 아이를 잘 양육해야 한다는 부담이 나를 압도했던 것 같다.

그래서 육아의 초점이 어떻게 하면 덜 불편하고 힘들이지 않으며 효과적으로 잘 키워낼지에 맞춰지곤 했다. 이런 마음으로 아이를 대하다보니 아이들 커가는 것 자체를 누리고 즐기는 법을 충분히 배우지 못했다. 아이가 아플 때 당연히 아이가 걱정이 되기도 하지만, 간혹 아픈 아이를 돌보느라 지칠 것을 걱정할 때도 있었다. 아이를 키우면서 나는 나의 이기적인 성향을 볼 수 있었다.

셋째와 넷째를 가졌을 때, 나는 나 자신이 성경에서 제시하는 육아에 대한 관점과 다른 관점을 고집하고 있다는 것을 알게 되었다. 성경 말씀에는 자녀들이 태의 열매이자 상급이며 축복이라고 나와 있다. 그러나 나는 그 관점을 있는 그대로 수용하기보다는 세상의 사고방식에 묶여 있었다는 사실을 깨달았다.

셋째 아이와 넷째 아이를 키우는 과정은 비록 몸은 버거웠지만 육아를 즐길 수 있는 여유를 배우게 되었다. 아이에 대한 책임감은 이미 하나님께 올려드렸다. 선교지에서 아이 넷을 키우는 일은 나와 아내의 힘만으로는 버거워 보였다. 그저 하나님의 도우심과 예비하심에 모든 것을 맡겨드리는 것 외에는 다른 방법이 없었다. 아이를 키우면서 아이들을 위해 예비하신 것들을 때를 따라 공급하시는 하나님의 손길을 경험할 수 있었다.

아이를 위해 예비된 많은 것들 때문에 부모인 우리도 함께 덕을 보는 경우가 많았다. 돌아보니 부유하기 때문에 아이를 많이 갖는다기보다는 아이를 많이 가지면 부유해지는 것이 영적인 역설임을 경험했다. 세상에서는 산술적으로 육아에 들어가는 비용을 계산하며 아이 갖기를 꺼리고 걱정한다. 하지만 영적인 셈법은 이러한 세상의 계산 방식을 초월한다. 아이가 많을수록 더 많은 일용할 양식이 준비된다. 역사적으로 교회가 급성장하고 부흥을 경험한 지역과 시대를 보면 인구의 급성장과 대부분 맞물려 있다. 그리고 그러한 지역에 경제적인 성장이 뒤따른다.

인도네시아 사역이 시작되기 전, 또 한 아이를 주신 이유 중 하나는 아이를 통해 사역을 대하는 나의 태도를 점검하도록 하려는 것임을 확인했다. 영혼을 키우고 살리는 사역은 부담이나 책임감으로만 되는 것이 아님을 깨닫는다. 이 일 자체를 즐기는 것이 중요하다.

아이를 키우는 것과 마찬가지이다. 우리 가정에 우리의 의지와는 무관하게 강권적으로 계속해서 아이를 주시는 하나님의 심정을 헤아려보니 하나님의 나를 향한 1차적인 관심이 성공이나 효율이 아니라는 것을 깨달을 수 있었다. 하나님의 관심은 나의 성장과 성숙이었다. 그런 점에서 자녀는 하나님이 주신 상급이며 기업이라는 성경 말씀이 새롭게 이해되었다.

태의 문이 아직 열리지 않았다!

다른 세 아이 때와는 달리 넷째 아이가 태어나기를 기다리는 시간은 우리 부부에게 유난히 길게 느껴졌다. 우리 가족의 원래 계획은 미국 애틀랜타에 7월 초까지만 머물고 바로 한국으로 들어가 비자 수속을 마치고 8월에 인도네시아로 들어가는 것이었다. 그러나 새로 태어날 아이의 출산 예정일이 7월 20일경이었다. 출산 후 적어도 한 달 정도는 산모와 아이가 안정을 취하고 떠나야 한다는 생각으로 나는 마음이 급했다.

새로운 자녀를 전혀 기대하지 않았기 때문에 비자 신청할 때 만료일을 7월 말로 정해 놓았다. 물론 한 달의 유예 기간을 합법적으로 사용할 수 있긴 했지만, 정해진 비자 기간을 넘겨야 한다는 사실이 나를 불편하게 했다. 애틀랜타에서는 불법 이민자들을 줄이기 위해 아예 면허증 유효기간 역시 비자 만료일에 끝나도록 정해놓았다.

그 이후에는 미국 면허증이 아닌 국제 운전 면허증을 사용해야 하는데 애틀랜타에서는 국제 운전 면허증으로 운전하다가 경찰이 차를 멈춰 세우는 경우 여러 가지로 복잡한 일이 발생할 수 있었다. 상황을 복잡하게 만든 또 한 가지는, 인도네시아 가족 비자를 신청하기 위해서는 새로 태어날 넷째 아이의 여권이 하루라도 빨리 나와주어야 한다는 것이다. 한국 여권을 신청하려면 등록 절차와 서류준비가 필요한데 우리가 미국을 떠나야 하는 시점 이전에 여권이 나올 수 있을지도 의문이었다.

내가 정상적으로 언어 과정을 밟기 위해서는 8월 말에 인도네시아에 들어가야 했다. 아이가 하루라도 빨리 나와주어야 인도네시아로의 이주가 그나마 더 늦지 않게 진행될 것이라는 생각을 했다. 세 아이 모두 출산 예정일보다는 일찍 태어났고 또 셋째의 경우는 2주 이상 일찍 나왔던 터라 우리는 막내 아이가 3주 이상 일찍 나올 것을 기대하며 하나님께 구했다.

아내는 전과는 달리 이번 임신 기간이 너무 길다고 느꼈다. 7월 초가 되어서 우리가 기도하고 있던 예정일이 다가오고 있었다. 지난 임신 때에 없었던 현상이 아내에게 생겼는데, 저녁 때마다 수축이 오는 것이었다. 하지만 그 수축이 아주 오래 가지는 않았다. 그러던 중 7월 4일 밤 아내에게 비교적 규칙적인 수축이 찾아왔다. 우리는 드디어 그 날이 왔다고 생각했다. 우리의 처지를 아시는 하나님께서 우리를 불쌍히 여기시고 아이를 빨리 허락해주시는 것이라 믿고 곧바로 병원으로 향했다.

상태를 확인한 간호사는 태의 문이 열리지 않았으니 1시간 정도 병원 복도를 걷고 나서 다시 보자고 했다. 그러나 결국 끝내 문이 열리지 않았다. 우리는 집에 돌아가서 며칠 더 기다렸다가 진통이 시작되면 다시 병원에 오라는 말을 들었다. 말로만 듣던 가진통을 경험한 것이다. 이른 새벽 집으로 돌아오는 차에서 우리 부부는 각자 당혹스러운 마음을 누르며 조용히 무엇이 잘못되었는지 생각했다. 우리는 하나님께서 우리의 처지를 아시니까 우리의 타이밍에 맞춰주셔야 한다고 생각했고, 그것이 믿음이라고 착각했다.

하나님의 대답은 이때가 하나님의 때가 아니라는 것이었다.

"태의 문이 열리지 않았다!"

나는 태의 문을 관장하는 분은 하나님 한 분임을 다시 경험적으로 고백했다. 적어도 이 영역만큼은, 자신의 몸이라 하더라도 하나님께서 문을 여실 때까지 기다려야 하는 것이었다.

그 날 새벽, 졸린 눈을 한 아내와 나는 생명의 나고 오는 것은 부모라고 해도 자신들이 원하는 타이밍과 방식을 고를 수 있는 것이 아님을 고백했다. 생명의 탄생에 대한 경험이 있다고 해서 무언가를 예단할 수 있는 것이 아님을 다시 한 번 깨닫는 경험이었다.

사랑은 오래 참고

아내는 집에 돌아와서 이 부분을 곱씹으며 기도하는 시간을 가졌다. 자신의 성급했던 예단을 하나님 앞에 내어놓고 그 상황에서 하나님이 말씀하기 원하시는 것이 무엇인지를 알기 원했다.

아내는 문득 전에 적어놓은 기도문을 보게 되었다. 임신 초기에 중보기도자들과 기도하면서 받은 말씀의 내용 중에 자신에게 온 감동을 적은 내용이다. 거기에 적어놓았던 글이 새삼 아내에게 다시 새롭게 다가왔다. 하나님께서 이 아이를 통해서 우리에게 '사랑'에 대해 새롭게 배우게 하시겠다는 내용이었다.

그 당시 어떤 사랑인지에 대해 묻는 중에 고린도전서 13장의 내용이 아내에게 각인된 적이 있었다. 사도 바울은 사랑에 대해서 첫 번째로 '사랑은 오래 참고'라고 적고 있다.

> 내가 내게 있는 모든 것으로 구제하고
> 또 내 몸을 불사르게 내줄지라도
> 사랑이 없으면 내게 아무 유익이 없느니라
> 사랑은 오래 참고 사랑은 온유하며 시기하지 아니하며
> 사랑은 자랑하지 아니하며 교만하지 아니하며
>
> 고린도전서 13:3,4

하나님께서 우리에게 가장 먼저 알려주고 싶은 사랑의 속성은 오래 참는 것임을 아내는 다시 한 번 고백했다. 아내와 나는 그 날을 하나님께 맡겨드렸다. 그분께서 우리에게 가장 최선의 때를 주실 것이라고 고백했다. 비록 그 날이 우리 생각에는 불편하게 느껴질지라도 그 때가 하나님 보시기에 가장 최선의 때라는 것을 우리는 믿었다. 그 후 정확히 열흘 후에 아이가 태어났다.

그 때를 하나님도 나와 함께 기다리고 계셨다

그 후에도 아이가 백일을 맞기까지, 그 과정이 우리 부부에게 너무 길게 느껴졌다. 그 사이에 세 나라를 거쳤고 또 새로운 땅에 6명의 식구가 적응하기 위해 홍역을 치러야 했다. 때로는 막내 아이가 마음에 짐이요 부담처럼 다가온 적이 있었다. 그 때마다 하나님은 우리에게 말씀으로 도전하셨다. 이 아이가 짐이 아니라 하나님의 축복이라는 것이다.

실은 넷째를 키우면서 나는 나의 무뎌진 사역자로서의 마음을 다시

확인하는 시간을 가졌다. 한 영혼을 성장시키기 위해서는 오랜 시간의 기다림이 필요하다. 하나님이 그 날을 허락하실 때까지 기다리고 또 기다리는 것이다. 그리고 그 기다림이 우리가 그 영혼을 향한 지속적인 사랑을 가지고 있음을 증명한다. 아브라함이 믿음의 아버지가 되기 위해서 하나님이 약속하신 아이를 얻기까지 오랫동안 기다려야 했던 이유가 여기에 있었다. 실은 아브라함만 기다리고 있었던 것은 아니다. 하나님도 그와 함께 그 때를 기다리고 계셨던 것이다.

이 교훈은 최소한의 시간을 들여서 최대한의 효과를 내도록 맞춰진 현대사회의 삶에서는 배우기 어렵다. 무의미하게 보이는 한 영혼을 위해서 내가 가장 소중하다고 생각하는 것을 쏟아붓는 일. 실은 그런 행위가 아니고서는 복음을 모르는 자에게 복음을 설명할 방법이 없다는 사실을 깨달았다. 이것이 내가 새로운 땅에서 영혼을 섬기는 일을 하기 위해서 다시 점검해야 할 근본적인 부분이다. 사람을 키우고 영혼을 섬기기 위해서는 내 삶이 기꺼이 낭비되어져야 함을 고백했다.

8월 중순 예정한 시간에 산모와 신생아, 그리고 세 아이들 모두 비행기에 올랐을 때 나는 비로소 하나님께서 섬세한 시간 계획으로 우리의 일정을 관리해주셨음을 깨달았다. 어려울 것이라고 보았지만 한 달 사이에 출생 수속, 여권 수속, 그리고 비자 수속을 순조롭게 마칠 수 있었고 이사 준비와 떠나기 위해 마무리할 일들을 기한 내에 할 수 있었다.

돌아보면 하나님께서 집요하게 다루시는 한 부분이 있었다. 내 안에 아직 옛 사람의 연약한 모습이 있어서 그것이 건드려지면 내가 불편하게 여기고 예민하게 반응한다는 사실을 발견했다.

나는 사회의 행정적 틀 안에 잘 적응하기를 원했고 그 안에서 편안함을 느끼는 편이었다. 그러다보니 무언가 나와 가족의 신상과 관련해서 행정적으로 깔끔하게 처리되지 않은 상태를 어려워하고 못 견뎌 하는 모습이 있었다. 외국에서 살면서 특히 이 부분이 건드려질 때가 있었다.

나는 넷째 아이를 통해서 이런 부분에 대한 나의 두려움을 다시 한 번 하나님께 가지고 나갈 수 있었다. 하나님은 나를 만지셨고 자유함으로 그분을 신뢰할 것을 계속해서 가르치셨다. 다시 한 번 하나님의 타이밍을 신뢰하는 훈련을 받으며 나를 점검하는 시간이었다.

기도를 통한 아이와의 교감

하나님께서 또 한 명의 아이를 주시면서 우리에게 새로이 하나님의 마음을 더 깊이 가르쳐주기 원하신다는 사실을 깨달았다. 아내와 나는 아이들을 돌보는 일을 나누어서 해야 했다. 보통 낮에는 아내가 넷째 아이를 맡고, 밤에는 아내가 다른 세 아이들을 챙기는 동안 내가 넷째를 재워야 할 때가 많았다.

첫 한 달간 나는 아이를 안고 있는 시간을 활용하기 위해 그 시간에 기도할 때가 있었다. 어느 날은 아이를 안고 있을 때에야 비로소 기도할 여유를 갖는 경우도 많았다. 아이를 안고 기도를 하면 확실히 아이가 편안함을 느꼈다. 아내가 어떤 방법을 써도 울음을 그치지 않다가 내가 안고 기도하면 스르르 잠에 빠져들곤 했다.

아내는 신기해하면서 몇 차례에 걸쳐서 시험해보곤 했다. 아이를 안고 기도할 때 때로는 아이가 무겁게 느껴지고 허리에 부담이 되어 기도에 집중하지 못하기도 했다. 그럴 때면 방언으로 기도하곤 했다. 한 번은 방언으로 기도하는데 아이가 소리를 내면서 내게 반응을 보였다. 이제 막 옹알이를 시작하면서 큰 소리로 내게 뭐라 말하는 것 같았다. 집안 식구들은 그 모습이 신기한 듯 다 나와서 아이를 관찰했다. 아이는 그 날 한참 소리 냈다.

그 날 나는 나의 기도로 아이와 어떤 대화를 하고 있는 것처럼 느꼈다. 그 날 경험으로 기도와 방언에 대해 더 깊이 묵상하는 시간을 갖게 됐다.

깊고 내밀한 언어

우리를 연합 가운데 부르신 하나님은 우리와 소통하기를 원하신다. 그러나 아담의 죄로 우리는 하나님과 직접적인 대화의 채널을 상실했다. 또한 바벨탑을 지은 인간의 교만으로 인간은 민족들 간의 대화의 수단을 잃어버렸다. 하지만 하나님은 기도라는 통로를 우리에게 열어주셔서 하나님과 소통하고 교제할 수 있는 길을 열어주셨다. 방언을 우리에게 주신 이유도 마찬가지이다.

방언의 기본 목적은 일차적으로 하나님과의 대화 그리고 영적인 소통에 있다. 하나님께서 우리와 대화하면서 개인적인 교제를 나누기 위한 수단으로 우리에게 방언을 주신 것이다. 물론 방언 중에는 외국어 방언도 있다. 한 예로 초대 교회 오순절 성령 강림 때에 제자들이 말했던 외국어 방언들은 여러 나라에서 온 사람들에게 그 나라의 말로 예수님을 전하는 경외감을 주기도 했다.

그러나 방언은 외국어에 한정되지 않는다. 원래 언어란 사회적으로 우리가 약속한 소리에 약속한 의미를 붙이는 것이다. 예를 들어 '엄마'라고 하는 소리에는 어떤 특정 대상을 지칭하는 의미가 결합되어 있다. 방언이란 어떤 소리에 사회에서 규정한 의미와 규칙을 넘어서는 새로운 뜻들이 담겨져서 영적으로 하나님께 전달되는 것이다. 이것이 초대 교부들의 방언에 대한 이해이다.

내가 이제 갓 태어난 신생아와 소리로 교제를 하는 것도 비슷한 예가 아닌가 싶다. 나는 아이에게 무언가 소리 내서 이야기를 하고 아이는 반응을 한다. 아이의 '아아'라는 소리는 나름대로 어떤 의미와 감정을 담고 있다. 나는 그 느낌을 느끼면서 소리로 내 마음에 있는 감정을 아이에게 전달하려고 한다. 서로의 말을 잘 못 알아들을지언정 서로에 대한 마음이 있으면 그래도 무언가 교류가 이어진다.

'얼러럴 우르르 까까까까' 이런 소리들이 대화의 재료가 된다. 그리고 우리는 충분히 감정적인 소통을 즐긴다. 웃으며 내는 소리에도 의미가 담겨 있다. 내가 조금만 주의를 기울이면 그것을 읽어낼 수 있다. 남들이 알지 못하는 무의미해 보이는 소리에도 이런 감정이나 의사 표현이 담겨 있다.

"내가 너를 사랑한다. 너하고 교제하기를 원한다."

때로는 내가 아내에게 "아, 그, 저, 있잖아"라고만 해도 아내는 내 말의 의미를 알아차릴 때가 있다. 내밀한 관계에서는 언어가 아닌 소리만으로도 교류가 이루어지곤 한다. 어찌 보면 방언은 내밀한 언어라는 생각이 든다. 다른 사람들에게 노출되지 않은 채 하나님에게 내 마음 깊은 곳에 있는 것을 직통으로 나누는 암호이다. 그렇기에 바울은 방언이 개인적인 유익을 위한 것이라고 말한다.

하나님이 우리와 소통하기 원하시는 이유

하늘로부터 오는 선물은 모두 귀하다. 그런데 방언하는 사람을 옆에서 볼 때는 미천해 보이고 비정상적인 모습으로 비쳐진다. 그래서 지성적 크리스천들의 경우 방언을 불편해 할 수 있다. 실은 거기에 비밀이 있다. 내 자신이 낮아질 때 다른 존재와의 내면적인 소통이 쉬워진다. 그래서 방언에는 우리를 낮추는 요소가 들어 있다.

나는 한때 자기 관리를 엄격하게 하고 자신을 갈고 닦으며 시간을 효과적으로 쓰려고 노력했다. 그런데 그런 모습이 아이들과 관계 맺는 데 어려움을 갖게 만든다는 것을 깨달았다. 아이를 키우면서 때로는 우스꽝스러운 모습을 하기도 하고 바보 같은 표정을 지으며 아이들과 같이 망가지고 웃긴 이야기를 하고 수다 떠는 과정을 통해서 아이들과 편하게 소통하는 법을 배우게 되었다.

방언으로 기도하는 것도 비슷한 효과가 있지 않나 싶다. 그렇게 기도할 때 자신의 고집과 의식을 비워내기 쉬운 것을 느낀다. 방언은 의식의 영역을 벗어나서 영적으로 하나님과 소통하게 하는 수단이므로 내 의식

세계가 지배하는 영역을 뛰어넘게 해준다. 나는 아이들을 키우면서 이 부분에 대해 더 깊이 배워간다.

예언의 목적도 결국은 소통과 교제와 연합이다. 예언은 하나님으로부터 오는 말씀과 감동이 공동체를 성장시키기 위한 목적으로 공동체나 개인에게 선포되는 것이다. 통변이나 대언도 비슷한 목적으로 주어진다. 방언이 자신과 하나님 사이의 관계에 초점을 맞춘 것이라면, 통변과 예언은 공동체를 향한다. 즉, 통변이나 예언은 공동체와 하나님과의 관계를 돕는 것이다. 그래서 사도 바울이 방언으로만 말하는 것보다는 예언이 더 유익이 크다고 말하는 것이다. 하나님은 이러한 대화로 우리에게 사랑을 흘려보내시고 또 영광을 받으신다.

하나님이 허락하시는 은사는 대부분 교제를 지향한다. 우리가 은사를 온전히 받으면 이 은사를 통해 육을 입은 우리가 영이신 그분과 대화하며 그분의 뜻을 더 깊이 새길 수 있게 된다. 따라서 바울이 사랑이 없으면 방언이 아무 유익이 없고 울리는 꽹과리가 된다고 설명하는 것이다. 그리고 마지막 때가 되면 우리가 하나님을 직접 뵙게 되므로 관계를 세우는 은사들은 폐해질 것이다. 결국 남는 것은 그 은사들을 통해 전하고자 한 실체, 즉 믿음, 소망, 사랑뿐이다.

하나님께서 우리와 소통하기 원하시는 이유는 바로 우리를 사랑하시기 때문이다. 소통의 콘텐츠는 사랑의 감정이다. 하나님께서 우리 가정에 아이를 허락하신 이유가 사랑을 알게 하기 위해서라고 말씀하셨던 이유도 결국 이러한 내용과 맞물려 있음을 배우게 된다.

결혼은 또 다른 떠남의 과정

하나님은 아브라함의 믿음을 자라게 하기 원하셨다. 그래서 그를 연단시키고자 할 때, 그리고 그의 믿음의 성장 정도를 확증하시기 위해 두 가지를 사용하셨다. 그것은 바로 아내 사라와 아들 이삭이었다.

하나님은 아브라함이 애굽에서 그의 아리따운 아내 사라를 빼앗기는 과정을 통해서 그의 삶의 방식과 지향과 믿음에 대해 점검하셨다. 또한 아브라함이 약속된 자식을 기다리는 일과 그 아들 이삭을 바치는 사건을 통해 그의 믿음의 분량을 확증시키기 원하셨다.

결혼해서 가정을 이루며 하나님의 인도하심을 받아 살면서 고백하는 진리가 있다. 결혼은 또 다른 떠남의 과정이라는 것이다. 성경은 부부가 되기 위해서는 부모를 떠나 연합해야 한다고 말한다.

> 이러므로 남자가 부모를 떠나
> 그의 아내와 합하여 둘이 한 몸을 이룰지로다
> 창세기 2:24

즉, 어린 시절의 정체성을 형성하는 데 결정적인 배경이 되었던 부모를 떠나야 새로운 연합이 가능하다. 특히 동양적인 문화 풍토에서는 여자가 가정이라는 연합을 이루기 위해 부모와 옛 삶의 터전을 떠나야 한다고 강조한다. 옛 사람이 죽고 옛 생활이 정리되는 과정 중에 예수님과의 연합이 공고해지는 것과 같은 원리이다. 예수님이 우리를 '신부'라

부르시는 것도 같은 맥락에서 이해할 수 있다.

우리가 흔히 가정과 결혼에 대해 오해하는 것이 있다. 결혼의 목적이 행복하기 위해서라고 생각한다. 우리는 행복해지고자 결혼하지만 얼마 지나지 않아서 전쟁을 경험하게 된다. 결혼생활에서 피 흘림과 깨어짐과 상한 마음이 생겨난다. 그 이유가 무엇일까?

결혼생활과 육아 과정을 경험하면서 어느 날 깨닫게 된 것이 있다. 그것은 결혼의 목적이 행복이 될 수 없다는 것이다. 하나님께서 사람을 창조하시고 혼자 있는 것이 좋아 보이지 않아 결혼이라는 제도를 만드셨다. 그 제도의 목적은 분리된 존재가 온전한 연합을 이루는 것이다.

하나님은 삼위일체의 연합을 확장하기 원하셨고, 그 대상으로 인간을 마음에 두셨다. 하나님과 우리의 연합을 구체적으로 우리의 삶 가운데 실현해 보여주는 예로 우리에게 남자와 여자가 연합하여 한 몸을 이루도록 결혼이라는 제도를 만들어주셨다.

영적인 성숙은 바로 그 온전한 연합을 경험하면서 일어난다. 하나님께서 우리를 창조하신 목적과 그분이 우리를 부르신 놀라운 섭리가 결혼과 가정 안에 고스란히 담겨 있다.

행복은 목적이 아니다

그래서 사탄의 영적 공격이 가장 치열하게 일어나는 현장이 가정이다. 선교지에서 관찰하게 되는, 인생의 가장 큰 비극이 가정 파탄이다. 영적으로 무너진 지역의 특징은 가정이 파괴된다는 점이다.

서구 교회가 몰락하는 현장에는 이혼, 낙태, 성적 문란, 그리고 동성애 등 결혼 제도를 파괴하려는 사탄의 공격이 집중된다. 선교지에서 말씀을 전하다보면 영적으로 어려운 환경에서 사역하는 선교사 가정의 부부 관계가 집중적으로 영적 공격을 받고 있다는 것을 자주 느낀다.

행복해지기 위해서 결혼하면 힘들어지는데, 그 이유에 대한 쉬운 예를 들어보자. 우리는 누군가 함께할 사람을 찾는다.

"나는 너무 힘들어. 혼자 지내는 것도 외롭고. 누군가 날 만족시켜주고 행복하게 해줄 사람이 필요해. 어디 멋진 사람이 없을까?"

이렇게 생각하면서 나름대로 자신을 만족시킬 만한 성격, 외모, 조건에 대한 기준에 맞는 사람을 찾는다. 그리고 그 기준에 맞는 사람이라야 자신을 행복하게 해줄 거라고 생각한다. 그것은 상대방도 마찬가지이다.

다시 말하면 배우자를 찾는 두 사람 모두가 배고픈 상태이다. 그렇게 두 사람이 조건을 맞추고 결혼을 한다. 한 가지 문제는 배고픈 사람 눈에는 먹을 것만 보인다는 사실이다. 상대방을 바라볼 때 상대방이 먹을 것으로 보인다. 자신에게 없는 부분이 있어서 힘들면 그것을 상대방에 의지하여 채우려고 하는 갈증이 생긴다. 문제는 상대방도 같은 심정이라는 점이다. 상대방이 먹잇감으로 보일 때 상대방을 향해 으르렁거리게 되고 서로를 물고 뜯는 일이 생긴다.

"왜 너는 내게 만족스럽지 못하니? 왜 넌 나를 채워주지 못하는 거야? 왜 나한테 더 관심을 쏟지 못하니? 왜 넌 이것 밖에 안 되는 거야?"

즉, 행복을 원해서 이룬 가정에서 벌어지는 일이 전쟁인 것이다. 가정의 목적은 행복이 아니라 '온전한 연합'이다. 행복은 목적이 아니라 하나의 결과물일 뿐이다. 온전한 연합을 이루게 되면 자연스럽게 우리 안에 행복과 기쁨이 넘쳐나게 된다. 그런데 이 순서가 바뀔 때 문제가 된다.

교회도 마찬가지이다. 교회의 목적은 주님과 온전한 연합을 이루고 그로 인해 공동체를 형성하는 것이다. 하지만 우리는 교회를 찾을 때 어떤 교회에 다니면 나에게 더 유익하고 편안하고 행복해질 것인가에 관심을 기울인다. 그래서 어떤 교회는 "우리 교회에 나오면 행복해집니다"라고 광고하기도 한다. 이 말을 듣고 행복하기 위해 찾아 간 교회에서 오히려 관계 가운데 상처를 주고받고 마음이 상하고 분란에 휩싸이기도 한다.

온전한 연합에는 자아가 죽는 과정이 필요하다

결혼의 의미는 온전한 연합에 있는데 온전한 연합을 위한 전제 조건이 있다. 둘이 한 몸을 이루기 위해서는 두 자아가 죽는 과정이 필요하다. 재미있는 사실은 남자와 여자라는 존재가 기본적으로 연합하기 쉽지 않은 다른 성향을 가지고 있다는 것이다.

하나님은 남자와 여자를 다르게 만드셨다. 따라서 서로 존중하는 마음이 없으면 서로의 다름을 이해하지 못하고 불편하게 여기기 마련이다. 이렇게 서로 다른 두 존재가 연합하려면 죽어야만 가능하다.

"내가 당신의 성공에 밑거름이 되었으면 좋겠습니다."

"나를 딛고 당신이 올라서십시오."

"나보다 당신이 더 잘 되기를 원합니다."

한 알의 밀알이 땅에 떨어져 많은 열매를 맺기 전에 먼저 경험해야 하는 것이 썩어지는 과정이다. 결혼도 교회 공동체도 썩어짐 없이는 온전한 연합을 이룰 수 없다.

죽음은 선택이 아니라 필수과정이다. 하나님과 연합한다는 것은 일차적으로 행복이나 성공이 아닌 '죽음으로의 초대'이다. 연합에는 그에 수반되는 죽음의 고통이 있다. 예수님과의 온전한 연합 전에 우리가 세례를 받는 이유는 바로 내가 죽음의 길에 들어선 것을 확인하고 고백하기 위함이다.

하나님의 영과 연합하게 될 때 우리는 놀라운 기쁨을 경험하지만 동시에 고통과 질곡의 시간을 통과하게 된다. 선교지 사역에서 가장 어려운 도전이 있다면 공동체를 이루며 사역하는 것이라고 말할 수 있다. 가장 보람 있지만 가장 힘든 사역이 공동체 사역이라는 생각을 한다. 왜냐하면 내가 죽지 않았을 때 내 자아가 계속해서 찔림을 받고 아파하고 불편을 느끼기 때문이다. 하지만 이 환경이 나를 영적으로 성장시키는 최고의 무대가 된다.

결혼은 연합을 위해 우리를 새롭게 빚어내는 과정이다. 따라서 그것은 나의 죽음을 전제로 한다. 내가 죽지 않으면 서로가 힘든 시간을 보내게 된다. 하나님은 여러 가지 방법으로 우리의 죽음을 확인하신다. 먼저 우리는 아이를 양육하는 과정에서 날마다 조금씩 죽어간다. 아이가 이 세상에 태어나서 부모 밑에서 자란다는 것은 부모인 우리가 그 시간만큼 죽어가고 있다는 것을 의미한다.

고통을 맞닥뜨릴 때 오는 평안

하나님은 여자들이 아이를 낳을 때 죽음의 고통을 간접적으로 경험하도록 만드셨다. 나는 아내가 아이 넷을 낳을 때 모두 그 옆에 있었고 아이를 받았다. 어려운 고통의 시간이었다.

실은 셋째 아이를 짧은 진통 끝에 비교적 쉽게 낳았기 때문에 넷째 아이도 그렇게 되기를 기대하는 마음이 있었다. 그러나 정작 아내의 진통은 예상보다 더 많이 길어졌고, 나는 속으로 하나님께 진통 시간을 줄여 달라고 간구했다. 그런데 그때 하나님이 주신 마음은 그 고통을 다 견뎌내기 원하신다는 것이었다. 이 고통은 우리 부부를 위한 배려된 고통이라는 것이다.

사실 우리 부부는 첫째 아이를 낳을 때, 산고에 대한 두려움으로 무통분만 주사를 맞았다. 고통을 피해 가고 싶은 마음이 컸다. 4명의 아이를 낳고 나서 발견한 사실은 유독 큰 아이가 고통에 대한 두려움이 크다는 것이다.

큰 아이는 초등학교 저학년 때까지도 병원 가는 것을 두려워했다. 특히 주사를 맞을 때면 병원 진료실이 떠나가도록 한참을 울고 기겁을 했다. 둘째나 셋째에게는 없는 모습이었다. 아내가 더 심해질 산고에 대한 두려움에 휩싸였을 때, 태아도 그것을 느끼지 않았나 싶다. 이를 통해 우리가 고통을 피해 간다고 고통이 줄어드는 것이 아니라 오히려 더 커질 수 있다는 사실을 배웠다.

현대사회는 그 어떤 시대보다도 우리에게 편안한 생활을 제공한다.

냉난방이 조절되는 사무실이나 집에서 활동하고, 편리한 차를 타고 장거리를 이동할 수 있다. 냉장고로 힘들이지 않고 신선한 음식을 공급받는다. 과거 왕이나 귀족들도 누리지 못하는 편안함을 누린다. 그렇다고 해서 우리의 고통이 줄어든 것은 아니다. 우리의 아이들 세대를 보면 우리 세대보다 훨씬 더 편안하고 세련된 환경을 누리고 있다. 그러나 경쟁이나 내적 갈등으로 아이들이 받는 고통은 우리 세대보다 더 클지 모르겠다.

아이가 태어나서 진통이 끝났다고 해서 엄마의 고통이 다 끝난 것은 아니다. 육아에 있어서 아내를 가장 어렵고 힘들게 했던 것은 바로 젖을 먹이는 일이었다. 아내는 영양학 전공자로, 모유 수유가 자녀에게 줄 수 있는 최고의 선물이라는 것을 알았다. 넷째 아이의 경우 비교적 나이가 많은 상태에서 출산했기 때문에 모유가 돌지 않아 일주일이 지나자 젖을 먹이지 못했지만 가능한 한 모유 수유를 하려고 노력했다.

모유를 주기 위해서는 아이와 밀고 당기는 시간이 필요했다. 이 과정을 통해서 엄마와 아이가 서로에 대해서 배워가게 된다. 하지만 이 과정이 때로는 서로에게 고통스러운 시간이 되기도 한다. 처음에는 아이가 원하는 만큼 엄마의 젖이 돌지 않았다. 아이가 배고파 울며 며칠 간 빈 젖을 빨아야 비로소 엄마에게서 아이에게 필요한 만큼의 젖이 나왔다. 이 기간 동안 엄마의 젖꼭지에서 피가 흐르기도 했다. 아픈 젖꼭지를 물리고 모유를 수유하는 시간은 아내에게 한동안 공포의 시간이었다.

비워져야 새롭게 채워진다

내 자신이 아이에게 젖을 만들어주고 싶다고 젖이 만들어지는 것이 아니라 하나님께서 정하신 섭리 가운데 기다리는 시간이 필요했다. 아이가 빠는 만큼 엄마의 젖이 채워졌다. 젖이 잘 돌게 하기 위한 가장 좋은 방법은 아이가 젖을 끝까지 빨아주는 것이다. 젖이 다 비워져야 비로소 새로운 젖이 더 빠른 속도로 채워지게 된다.

남아 있는 젖은 엄마의 가슴에 젖몸살이라는 고통을 안겨준다. 내가 끝까지 사용될 때 나는 더 충만히 채워질 수 있다. 내게 있는 것이 누군가를 위해 충분히 나누어져야 새로운 채움을 경험하게 된다. 나는 사역지에서의 재정이나 시간 사용도 이와 비슷한 부분이 있다는 것을 배우게 되었다. 서로가 서로의 필요와 반응에 익숙해지자 젖 먹이는 시간은 아내에게 고통과 두려움의 시간에서 가장 행복한 시간으로 바뀌어 갔다.

모유 수유에 대해 배워가면서 나는 하나님께서 우리의 몸 안에 하나님의 수많은 신비와 섭리를 담아주셨다는 것을 자각할 수 있었다. 한 예로 모유의 성분이 수유를 시작할 때부터 수유를 마칠 때까지 일정한 것이 아니라는 사실을 배웠다. 처음 아이가 젖을 빨 때는 목을 축일 수 있도록 묽고 수분 성분이 많은 모유가 나온다고 한다. 어느 정도 수유가 진행되면 유지방 성분 비율이 높아지면서 모유 색이 진해진다.

엄마가 일반적으로 가질 수 있는 것보다 더 세심한 배려로 아이의 상황에 잘 맞춰서 아이를 먹이시려는 창조주의 심정을 새삼 확인하게 되었다. 그런 배려를 가지신 분이 허락하시는 고통이라면 그것이 우리에게 필요한 것임을 고백할 수 있었다.

아내는 넷째 아이도 모유 수유를 하고 싶었지만 결국 그 시도는 열흘 만에 실패로 돌아갔다. 아이에게 최선의 것을 주고 싶었지만 그럴 수 없었다. 그리고 아이들 모두를 모유로 키웠다는 자부심도 내려놓아야 했다.

아이 하나하나가 태어나는 방식이나 자라는 방식이 다 다르고, 아이들에 대해 반응하는 엄마의 몸도 아이들마다 다 달랐다. 하나님께서는 개개인 모두를 참 다르게 디자인해 놓으셨다. 넷째 아이를 낳지 않았으면 경험해보지 못했을 교훈이다.

육아를 통해 하나님이 나에게 기대하시는 것

아이가 태어나는 그 순간, 나의 삶은 더 이상 예전에 나만을 위해 살던 삶과는 다른 삶을 살게 된다. 예전에는 나 스스로 스케줄을 짜고 자신이 원하는 시간에 원하는 것을 하며 지낼 수 있었다. 내가 계획하는 대로 삶을 영위할 수 있었다.

그러나 아이가 태어나는 그 순간, 나 자신이 아이에게 종속되는 기분이 든다. 이제는 자신이 피곤하다고 졸린다고 마음 편히 잘 수 있는 상황이 아니다. 아이가 자라고 허락해주는 시간에만 잠을 잘 수 있다. 엄마나 아빠가 쉬어도 된다고 허락해주는 시간에만 쉴 수 있는 여유를 갖는다.

아이는 엄마의 상황을 봐주면서 울지 않는다. 아이는 지극히 자기중심적인 존재이다. 그는 자신이 세상의 중심에 있기 원한다.

출산 후 산모에게 산후 우울증 같은 증상이 오기도 한다. 물론 이는 호르몬의 변화로 인한 결과이기도 하지만 다른 한편으로는 혼자서는 아무것도 할 수 없는 갓난아이가 자기 삶의 중심에 들어오면서 자신이 그 존재에 구속되는 느낌, 감당할 수 없는 책임감 같은 심리적 요인과도 맞물려 있을 것이다. 즉, 자신이 죽어지고 희생되어야 하는 상황에서 나오는 심리적 저항 반응이지 않을까 싶다.

육아 우울증도 같은 맥락이라고 생각된다. 내가 아무것도 아닌 존재가 되어버리는 느낌, 아이 키우는 데 자신의 삶 전부가 소모되는 느낌, 자신의 것을 일부나마 지켜내고 싶은 바람 등이 그 요인의 하나로 맞물려 있을 것이다. 이러한 출산과 육아의 과정을 디자인하신 하나님께서 우리에게 이 과정을 통해서 기대하시는 것이 있다. 바로 자아중심적인 삶에서 타자중심적인 삶으로의 전환이다. 이 과정을 통해서 점진적으로 성장이 일어나고 그것이 우리를 한 아이를 책임 맡은 부모로 자라가게 한다.

넷째 아이를 낳으며 나도 육아 스트레스를 경험하게 되었다. 물론 나중에 어머니가 도와주시러 오셨고, 또 교회 집사님들이 도움의 손길을 주셔서 고비들을 쉽게 넘어갈 수 있었다. 그럼에도 불구하고 움직일 수 없는 산모를 챙기면서 여러 아이들을 돌봐야 하는 일은 나를 꽁꽁 묶고 지치게 만들었다. 또한 산모와 4명의 아이들이 함께 다른 나라로 떠날 준비를 하는 일은 무척 버거웠다.

특히 그 한복판에는 자신이 세상의 중심이어야 하는 두 돌 반 된 셋째와 갓난아이가 있었다. 마치 전력질주해서 달려가야 할 상황에서 다리에 모래주머니를 4개 정도 차고 있는 듯한 느낌이었다. 그러나 하나님은 나에게 최선의 것을 주기 원하시는 분임을 다시 상기시켜주셨다.

"이 기간은 너를 사역자로 다시 빚어내기 위한 훈련의 시간이다."

하나님께서 나를 재훈련시키기 위해 선택하신 방법은 어떤 선교훈련 프로그램이 아니었다. 가정에 주신 자녀들을 통한 것이었다. 이 과정에서 내가 배운 것은 내가 아이를 잘 키울 수 있는 사람이 아니라는 사실이었다. 하나님께서는 내 능력을 신뢰해서 아이를 허락해주신 것이 아니었다. 이 아이를 통해서 나를 훈련하여 성장시키기 위해서였다.

하나님이 일해주셔야 하는 영역

넷째가 태어난 지 한 2,3주 정도 되었을 때였다. 아직 세 돌도 안 된 셋째 하연이가 정서적인 어려움을 겪기 시작했다. 칭얼대고 짜증내며 우는 횟수가 전에 비해 부쩍 늘었다. 더 이상 엄마를 독차지할 수 없다는 사실에 아이가 받았을 충격을 생각해 아이를 배려해주고 싶었지만 어느 때는 몸이 안 따랐고 힘에 부쳤다.

한 번은 하연이의 이를 닦이고 침대에 누이려고 할 때였다. 하연이가 음료수를 먹고 싶다고 해서 두유 팩을 꺼내 빨대를 꽂아주려고 했다. 하연이는 자기가 직접 하겠다고 했다. 나는 아이가 실수로 카펫에 음료수를 흘리면 수습하기 힘들 생각에 직접 빨대를 꽂아주었다.

그러자 하연이는 짜증을 내며 안 먹겠다고 음료수를 든 내 손을 밀쳤다. 내가 다시 건네주자 화난 하연이는 음료수를 밀치고 고집을 부렸다.

"먹어."

"싫어"

"먹어. 너 안 먹어?"

그 때 나는 화가 머리끝까지 올랐다. 순간 내 안의 화가 나를 끌고 가는 것을 느꼈다.

'이렇게 가는 것이 옳지 않은데, 이거 지금 여기서 멈춰야 되는데….'

머리는 이렇게 생각하고 있었지만 내 몸은 그냥 화에 이끌려가고 싶어 하는 것을 느꼈다. 나는 버럭 화를 내고는 하연이에게 회초리를 댔다. 서러워서 울먹이는 하연이를 재워놓고 한숨이 나왔다. 기저귀 사이로 회초리 자국이 부어 오른 것을 보니 마음이 쓰라렸다. 회초리로 때린 것 그 자체보다는 아이를 야단칠 때 내가 분노해서 화를 섞었다는 점과 화가 나를 이끌어 가게 했다는 사실에 마음이 무거웠다.

"하나님, 제가 이것밖에 안 되네요. 아이 하나 제대로 키울 여력이 없네요. 이런 저에게 어떻게 아이를 넷이나 맡겨주십니까? 제가 어떻게 이 아이들을 잘 키울 수 있을지 모르겠어요."

나는 바닥에 엎드려 하나님 앞에서 신음했다. 그때 나는 하나님 앞에 가져간 그 신음조차 나를 일으켜 세운다는 것을 경험했다.

다음 날 아침에 일어났을 때 나는 세 아이들을 불렀다.

"얘들아, 아빠가 어제 셋째를 너무 심하게 야단친 것 같지?"

아이들이 한결같이 고개를 끄덕이며 말했다.

"아빠가 평소랑 달리 굉장히 화를 낸 것 같았어요."

"아빠가 필요 이상으로 화를 낸 것 같지?"

"네, 실은 그때 아빠가 좀 무서웠어요. 셋째가 불쌍했어요."

"그래. 그런데 아빠가 어제 왜 그랬는지, 하연이 혼내고 아빠 마음도 많이 아팠어. 아빠도 어제 아빠한테 실망했어. 그런데 아빠 힘으로는 안 될 것 같아. 어제 밤에 너희들 넷을 잘 키울 자신이 없다고 하나님께 고백했는데 그 때 아빠가 도움이 필요한 걸 깨달았어."

나는 아이들 앞에 무릎을 꿇었다.

"애들아. 아빠도 기도할 건데 너희도 아빠를 위해서 중보기도 해줄래? 아빠가 좋은 아빠가 되고 화에 이끌리지 않고 너희들을 넉넉하게 잘 키울 수 있게."

그 날 아이들은 나를 위해서 내 등에 손을 얹고 열심히 기도해주었다. 육아의 현장은 내 자아가 죽어 있는지를 확인하는 영역이다. 내가 노력해서 되는 부분이 아니라 하나님이 일해주셔야 하는 영역이다.

내가 신앙 서적을 집필하고 교회 집회에서 말씀을 전하고 선교 사역을 하는 사람이라고 하더라도 여전히 아이 키우는 문제는 내게 숙제이고 어려운 과제이다. 선교사이고 사역자여도 이 부분에서는 여전히 다른 분들과 동일한 선상에서 느끼는 부담이 있다.

나는 나의 연약함을 공개적으로 고백하고, 하나님의 도우심을 요청했을 때 내게 자유함이 부어지는 것을 느꼈다. 아이 양육의 어려움으로 내가 하나님 앞에서 연약함을 토해내면 낼수록 나의 내면이 깊어지는 것을 느꼈다.

섬길 수 있는 게 축복이다

아내가 출산을 얼마 안 남겨둔 어느 주일 날, 나는 한 교회 부흥집회에서 말씀을 전하게 되었다. 집회가 끝나고 식사 자리에서 담임목사님 내외분을 위해 기도하는 시간이 있었다. 그 목사님의 사모님은 어려서부터 시력에 문제가 있어서 아주 가까운 사물만을 식별할 수 있었다. 그 때문에 사모님은 운전을 할 수 없었다. 그러다보니 목사님은 가정도 돌봐야 했으므로 교회 목회사역에 적잖이 어려움이 있었다.

미국 중남부 지역에서는 부부 중 한쪽이 운전을 못하면 너무 힘들어진다. 모든 편의시설이 주택단지에서 멀찍이 떨어져 있고 유일한 이동수단이 자동차이다. 목사님이 자녀들을 학교에 데려다주고, 장도 봐야 하고, 가족들이 어디 갈 일이 있으면 운전을 해주셔야 했다. 이 일을 전부 혼자서 감당하셨다. 그래서 목사님은 이 부분에서 아내와 가정에 묶여버겁다는 생각을 가지고 있었다.

그런데 기도하던 중에 나에게 감동함과 영감이 부어졌다.

"네 아내가 너를 위해서 허락된 축복이다. 그리고 네가 네 아내의 덕을 보고 있다. 아내를 통해 공급되는 은혜와 복이 있다."

내가 그것을 나누자 목사님이 내게 물으셨다.

"그게 무슨 의미입니까? 무슨 덕을 말하는 것인지요? 알 것 같기도 한데 분명하지 않네요."

실은 나 스스로도 그 기도의 의미를 정확하게 이해했는지 자신이 없었다. 그런데 내 안에 한 가지 깨달아지는 것이 있었다. 많이 섬길 수 있게 되는 것 자체가 축복이라는 사실이다. 그래서 때로는 가정에서 몸이 불편한 사람과 함께 사는 것이 복이 될 수 있다는 것이다.

    많이 섬기는 만큼 내 몸과 마음이 스트레칭을 하게 된다. 내가 더 훈련되어지고 연단 받는다. 결국 더 많이 섬겨야 하는 환경에 속한 것이 복이 된다. 더 많이 사랑할 수 있는 환경에 보내지는 것은 복이다. 그런 의미에서 아이를 많이 갖는 것이 복이라는 성경 말씀이 내게 더 새롭게 다가왔다.

CHAPTER 08

기다림으로 무르익는
아버지를 향한 우리의 사랑

가정을 위해 계획하신 섭리

　넷째 아이를 낳고 기르는 과정에서 내게 가정의 의미에 대한 또 하나의 깨달음이 있었다. 하나님이 가정을 위해 계획하신 섭리는 우리가 생각하는 것보다 위대하다. 삼위일체의 온전한 연합을 이루신 그분이 당신의 연합을 확장하기 위해 인간을 만드셨다. 하나님이 아담을 하나님 닮은 형상으로 만드셨다는 말은 결국 아담도 그 온전한 연합에 대한 갈망을 가지고 태어났다는 것을 의미한다.

　하나님은 아담이 가지고 있는 원초적인 그리움이 어떤 것인지 이미 이해하고 계셨다. 그래서 아담을 위해 하와를 지으시고 결혼과 가정을 그분과의 연합의 실제를 표현해주는 표본으로 허락하셨다.

이 땅에 오신 예수님은 하나님과 당신 자신의 관계, 그리고 당신과 우리와의 관계를 설명하기 위해 가족 관계로 예를 들어 설명하셨다. 성경에는 하나님, 예수님, 그리고 우리와의 관계 묘사를 위해 유대 혼인 의례의 전통에서 따온 모티브가 많다.

유대 전통에서는 아버지가 아들을 위해 신붓감을 찾는 것이 일반적이다. 아들이 성년이 되면 아버지는 자신이 가진 인맥과 경험을 총동원해 아들의 신붓감을 찾는다. 그리고 그 신붓감이 정해지면 날짜를 정해서 아들과 함께 신부 집을 찾아간다. 물론 아들이나 신부될 사람이 서로 이미 다른 경로로 상대에 대해 이야기를 듣거나 서로를 관찰하고 정탐할 기회가 있었겠지만 정식 인사를 하는 것은 가족간의 상견례 때가 처음이다.

아버지가 아들의 결혼 대상을 찾아주는 일은 하나님께서 예수님을 위하여 아담을 준비시켜주셨던 것과 대비를 이룬다. 현대사회에서의 결혼에 대한 관념은 서로 사랑해야 결혼으로 간다. 사랑이 결혼에 비해 더 크고 중요한 가치이고, 결혼은 사랑의 한 결과물에 불과한 것이라는 인식이 있다. 따라서 사랑하지 않으면 결혼 관계는 언제든지 포기될 수 있다는 생각을 가진다.

그런데 성경에서도 또 대부분 아시아 지역의 전통적 결혼에서는 사랑해서 결혼하기보다는 결혼했기에 사랑하게 된다는 쪽에 가깝다. 첫눈에 반하고 감정을 가지는 것은 사랑이라기보다는 욕망에 더 가깝다. 물론 그 과정을 통해 깊이 있는 사랑을 키워갈 수도 있다. 그러나 상대를 향한 욕망은 시간이 지나면 사라진다. 따라서 결혼 중 최고의 순간을 신혼 때로 보고, 그 후를 내리막으로 보는 관점은 욕정을 사랑으로 오해했기 때문이다.

결혼은 자라는 생명과 같다

첫 사랑 이후 사랑이 식어간다는 생각은 거짓말이다. 성서적인 사랑은 서로를 알아가고 배워가는 과정을 포함한다. 사랑은 생명과 같은 것이고, 또 생명을 낳는 것을 전제로 한다. 생명은 계속해서 성장하고 성숙해간다. 물론 사랑의 과정에는 다양한 굴곡이 있지만 그 방향은 위를 지향한다. 가정 안에서 아이가 자라가듯 결혼 관계도 자라가는 것이다.

예수님과의 결혼도 마찬가지이다. 예수님의 존재에 대해 다 이해하게 되어서 사랑하게 되는 것이 아니다. 우리가 예수님을 먼저 사랑하게 되어서 연합하게 되는 경우는 극히 예외적이다. 오히려 세례를 받기로 하고 예수님과 함께 걸어가면서 예수님에 대해 배우고 더 사랑하게 되는 것이 일반적이다. 예수님과의 결혼을 통해서 비로소 깊은 사랑을 배워가는 것이다.

신랑은 자신과 결혼하면 자신이 어떻게 해주겠다고 신부에게 약속을 한다. 신부가 그 약속을 수락한다면 신랑이 건네는 포도주 잔을 받아서 마신다. 그 잔을 받지 않으면 거절의 의미이다. 이 포도주 잔을 받아 마시는 행위는 어쩌면 세례나 성만찬과 같은 성례에 대비될 수 있다.

당시의 신랑과 신부의 상견식은 현대의 결혼식에 준하는 법적 의미를 지닌다. 이 관계를 '정혼'(定婚)이라고 하는데 현대사회의 약혼보다는 훨씬 강한 구속력을 갖는다. 단지 결혼과 다른 점은 아직 신랑과 신부가 함께 혼방을 차릴 수 없다는 것이다.

신랑과 신부가 서로 연합하는 기쁨 속으로 들어가기 위해서는 몇 가지 책임과 의무를 다해야 한다. 이 의무가 이행되기 위해서 적어도 1년간 떨어져 있으며 서로 그리워하는 시간을 갖는다.

신랑은 아버지 집에서 나와서 신부와 연합하기 위한 준비를 한다. 즉 신부와 함께 살 집을 준비한다. 예수님이 제자들에게 그들의 살 집을 예비하기 위해서 떠난다고 말씀하신 것은 결혼과 같은 연합을 염두에 두고 하신 말씀으로 보인다.

그를 향한 사랑을 키우는 시간

그 기다림의 시간이 여자에게 주는 의미는 자신의 정결과 순결을 드러내는 시간이다. 보통 이 기다림이 열 달 이상 계속되는 이유는 그 사이에 혹시 다른 아이가 생기는지를 확인할 수 있기 위함이다. 정혼한 마리아를 요셉이 관계를 정리하고자 했던 것은 바로 이런 전통으로 이해할 수 있다.

또한 이 시간은 신랑을 그리워하면서 그를 향한 사랑을 키우는 시간이다. 이 기다림의 과정을 통해서 연합의 때에 맞이할 기쁨을 키워간다. 또한 이 시기 한 부모의 딸이었던 사람이 한 남자의 아내가 되기 위한 정서적, 실제적 준비를 하는 시간이다. 여기서 예비 신부의 모습은 바로 현재의 '교회'를 상징한다. 결혼식을 통한 신랑과의 결합은 '재림'을 의미한다. 신부는 신랑을 그리워하며 그분과의 연합을 갈망한다. 그 기다림의 과정은 아가서에서 묘사하듯 신부에게 아픔과 고통의 시간일 수도 있다. 그러나 아픔이 클수록 뒤에 올 기쁨이 커지기 마련이다.

예수님의 성육신과 재림은 모두 우리와 그분과의 연합을 위해 예비된 것이다. 만약 우리가 예수님의 재림의 때가 임할 것에 대한 관심이나 기대가 없고, 그 때가 임할 것에 대한 두려움이 앞선다면 아직 그분의 신부로 예비되지 못한 것을 드러내는 것이다.

온전한 연합의 기쁨

요한계시록은 우리가 예수님과 연합하는 그 날을 어린양의 혼인 잔치라고 비유한다. 예수님은 말씀에서 도적같이 올 그 날에 대해 여러 차례 경고하셨다. 그리고 마지막 때를 혼인식에 비유하셨다. 유대 전통에서는 신랑이 신부를 맞을 준비가 되었을 때, 어느 날 밤 불현듯 신부에게 찾아온다. 미리 신부나 그 가족에게 그 날에 대해 알려주어야 할 의무가 없다. 왜냐하면 이미 그 신부를 언제든 데려올 권리와 자격이 신랑에게 있기 때문이다.

단, 신랑은 자신의 친구를 미리 보내 데려올 시간을 준비하게 한다. 하지만 신랑의 도착은 대체로 늦어져 깊은 밤을 넘길 수도 있다. 신랑은 깊은 밤 신부를 데리고 신방으로 들어간다. 그리고는 며칠동안 결혼 잔치가 벌어진다.

아가서에는 서로 사랑하는 연인이 만나 누리는 깊은 즐거움에 대해 자세한 비유가 나온다. 한 여자의 남편으로 오랜 시간을 함께 살면서 경험하는 것은 하나님께서 남자와 여자의 필요를 각각 다르게 만드셨다는 것이다. 성적(性的)인 부분에 있어서도 서로가 서로를 원하는 방식이나 때를 다르게 만들어 놓으셨다. 때로는 그 다름이 불편함으로 다가오기도 했다. 한때 나 역시도 "왜 당신은 내 필요도 채워주지 못해요?"하며 미성숙하게 반응하기도 했다.

시간이 오래 지나서야 상대를 통해 자신의 필요를 채우기 이전에 상대방의 필요를 채워주고자 하는 마음으로 온전한 연합의 기쁨에 들어갈 수 있다는 사실을 배워가게 되었다. 그제야 비로소 아가서에서 묘사한 연인간의 사귐과 누림이 깊은 예배에서 누리는 기쁨과도 맞물리는 것임을 깨닫게 되었다.

또한 부부간의 온전한 연합의 기쁨으로 들어가는 과정이 하나님을 경험하고 그분을 누리는 기쁨과 비슷하다는 것을 자연스럽게 고백하게 된다.

영적 전쟁의 가장 치열한 현장

현대사회에서 영적 전쟁의 가장 치열한 현장은 바로 성(性)과 결혼의 영역과 맞닿아 있다. 현대사회의 미디어가 청소년들을 미혹하고 호도해 가는 부분은 사랑을 쾌락 추구하는 과정으로 묘사하는 것이다. 사랑의 본질은 쾌락이 아니다. 쾌락은 사랑과 연합의 결과로 주어지는 한 결과물일 뿐이다. 쾌락이 목적이 되는 순간 우리의 관계가 무너지게 된다.

사랑의 관계는 반드시 책임을 수반한다. 왜냐하면 사랑은 생명을 잉태하도록 디자인되어 있기 때문이다. 결혼을 앞둔 남녀가 일정 시간을 기다려야 하는 이유도 여기에 있다. 결혼 후에도 성적인 영역에서 상대방을 기다려주거나 상대방의 필요에 적극적으로 반응해주는 배려를 통해 더 깊은 연합으로 누리는 행복감을 누릴 수 있다. 나는 경험을 통해서 이것이 하나님께서 우리의 관계를 디자인하신 원리라는 것을 조금씩 배워간다.

현대사회에 들어오면서 가정과 결혼 제도가 무너지기 시작한 중요한 계기가 피임법의 보급이다. 1920년대에 피임법이 처음 나왔을 때, 모든 기독교 교단들은 반대성명을 냈다. 이것을 하나님의 창조 질서에 위반하는 것으로 보았다. 그러나 얼마 후 여러 압력에 타협한 성공회 쪽에서 피임을 허용했고, 그 후 모든 교단들이 그 전철을 밟았다.

하나님은 성(性)을 결혼이라는 질서 안에서만 허락된 것으로 디자인해놓으셨다. 남녀 간의 육체적인 사랑은 생명 잉태의 책임이 따르는 것이다. 성적인 쾌락은 자녀 양육의 책임, 아버지로서의 의무와 어머니로서의 준비 등을 전제로 허용될 수 있는 것이다. 그런데 피임법의 보급으로 사람들은 성적인 쾌락을 자녀 양육의 책임으로부터 분리시킬 수 있게 되었다.

이러한 물리적 환경의 변화는 결혼 제도가 가지는 신성함을 무너뜨리기 시작했다. 여성을 보는 기준이 어머니로서가 아니라 성적 파트너로

서의 어떤 매력을 가지고 있고, 얼마나 남성을 만족시켜줄 수 있는가로 바뀌게 되었다. 더 나아가 성적 매력이 여성의 가장 중요한 가치인 것처럼 믿게 만들어 버렸다. 그리하여 '섹시하다'는 표현이 여성에게 큰 칭찬이 되게 만들었다. 성을 매개로 한 상업 행위들이 더 확산될 수 있는 기틀이 만들어진 셈이다.

낙태도 피임의 연장선상에서 필요한 조처로 받아들여지기에 이른다. 자녀 양육의 숭고한 책임 자체가 회피할 수 있는 짐으로 자연스럽게 인식되면서 혼전 관계, 이혼, 다양한 영역에서의 결혼 제도의 파괴가 이루어지게 되었다. 책임을 배제한 성적 자유라는 관념은 결국 결혼 없는 성적 관계가 얼마든지 가능하다는 사회적인 인식을 조장했다. 이것은 더 나아가 성적 관계없는 결혼도 가능하다는 인식을 가지게 했고 그 결과 동성 결혼뿐 아니라 동성애자 커플의 자녀 입양을 당연시 받아들이게 했다.

물론 나는 피임 자체를 창조 원칙에 어긋난 것이라고 부정하려는 것은 아니다. 내가 나누고자 하는 것은 하나님께서 결혼과 가정을 창조하신 원리가 어떤 것인지 이해하려는 노력이 필요하다는 것이다. 또한 그것을 통해 성령님께서 우리에게 하시고자 하시는 말씀에 우리가 완고하게 귀를 막고 들으려 하지 않았던 영역이 있는지 확인해 볼 필요가 있다는 것이다.

모든 결정권을 하나님께 내어드릴 때

하나님께서는 여성들이 한 달을 주기로 일정 기간만을 임신할 수 있도록 만드셨다. 우리 스스로 지혜를 따라 아이를 가질 때와 그렇지 않은 때를 구분하고 결정할 수 있도록 하신 것이다.

하지만 우리가 계산하고 노력한다고 원하는 때에 원하는 수의 아이를 얻을 수 있는 것도 아니다. 또 아이를 계획하지 않아도 불가항력적으로 하나님께서 우리에게 새 생명을 허락하시기도 한다. 이것은 하나님께서 생명의 영역에 대해서만큼은 하나님의 신비한 섭리 가운데 두셨기 때문이다.

출산과 육아의 문제에 있어서 한국 교회 성도들이 실족하고 넘어진 부분이 있다. 한국 정부와 사회가 '둘만 낳아 잘 기르자'는 구호를 내세웠을 때 한국의 교회 지도자들이 그것이 성경적이지 않다고 말하지 않았다. 이 시기 한국 교회는 사회를 이끌어 가기보다는 사회를 뒤쫓아 갔다. 사회가 '잘 살아보자'고 했을 때 교회도 물질적으로 잘 사는 것에 지나치게 많은 관심을 뒀다. 둘 이상 낳아 키우는 것을 믿음의 표현으로 인식하기보다는 비좁은 한국 땅, 더 나아가 세계를 오염시키고 자원을 고갈시키는 행위로 이해했고, 교육받지 못한 사람의 무책임한 행위로 간주했다. 아이가 생긴 대로 다 낳거나 피임을 적극적으로 하지 않는 행위를 부모의 무책임한 행위로 보아 왔다.

둘만 낳아 잘 기르자는 이야기는 내 가정의 구성원의 수를 내가 결정할 수 있다는 생각이 깔려 있다. 교회 안에 있는 우리는 가정의 주인이 하나님이라는 사실을 고백하면서도 가족 구성원의 숫자를 결정하는 일만큼은 하나님께 양도해드리지 않으려고 했다. 이것은 다시 말해 가정의 주인은 자신이라는 신앙고백인 것이다. 많은 경우 교회 내의 부모들이 자녀 양육과 관련된 가정의 주요 결정권을 하나님께 내어드려야 한다는 사실을 고백하지 않았고, 자녀들을 세상의 가치관에 입각해서 키우려 했다.

물론 모든 가정이 다 아이를 많이 갖는 것이 하나님의 뜻이라고 할 수는 없다. 두 사람의 관계성이 자녀 양육의 기초가 되기 때문에 두 사람의 관계가 온전하지 못한 데 아이를 많이 갖게 될 때 나타나는 위험성도 있다. 그럼에도 불구하고 우리를 향한 하나님의 일차적인 바람은 땅에 생육하고 번성하는 것이라는 사실이 우리의 신앙고백이 되는 것이다.

때로는 부부가 자녀를 원하지만 하나님께서 때를 늦추시고 태의 문을 한동안 닫으시는 경우도 있다. 어떤 가정에게는 그 아픔을 통해 입양의 사명을 주시기도 한다. 전 세계 크리스천 가정이 적극적으로 입양을 한다면 고아가 없는 세상을 만들 수 있다고 한다. 더 중요한 것은 그들이 하나님을 아버지로 만날 기회를 얻게 되는 것이다.

청년 집회에서 나오는 기도 제목이나 구호를 보면 '이 나라 하나님나라 되게 해 주소서'라는 내용이 많이 나온다.

이에 대해 나는 한 가지 궁금증이 생긴다.

"당신들이 정말 그것을 원하는가?"

내가 볼 때 한국이 하나님나라 되는 간단한 방법이 있다. 문제는 '우리가 그것을 정말 원하는가'에 있다. 그것은 크리스천들이 가정에서 지금보다 더 많은 아이들을 낳고, 믿음 안에서 이 아이들을 하나님의 방법으로 양육하는 것이다. 그러면 믿지 않는 가정의 낮은 출산율을 고려할 때, 단 2세대를 지나면 한국에 하나님을 믿는 가정이 절반에서 4분의 3에 이를 것이다.

아버지에 대한 배고픔을 가진 세대

아이를 양육하면서 배우게 된 사실은 자녀 양육은 버거운 의무가 아니라 특권이고 축복이라는 사실을 절감했다. 하나님이 나를 사랑하고 믿어주셔서 자녀를 맡기시는 것이다. 그래서 나는 종종 아이들에게 고백하곤 한다.

"얘들아, 아빠는 너희가 아빠의 아들딸인 것이 정말 감사하다. 아빠의 아들딸이 되어주어서 고맙단다."

큰 아이는 자기 전에 꼭 내게 와서 기도를 요청한다. 특별히 마음에 힘든 일이 있으면 기도를 부탁하곤 한다. 그는 아버지의 축복의 말이 주는 안정감을 어렴풋이 느끼기 시작한 것이다. 큰 아이는 내가 1주일 정도 출장을 다녀올 일이 있으면 실망한다. 자신에게 아버지가 필요한 존재라는 것을 알기 때문이다.

현대사회의 비극은 우리 사회가 가부장(家父長)을 잃어버렸다는 것이다. 한국 사회에서는 아버지들의 타락과 전제적인 군림의 여파로 가부장제도가 가지는 폐해와 상처가 있었다. 그래서 '아버지'라는 호칭이 우리에게 안정감으로 다가오지 않는다. 신문이나 인터넷에는 아버지들의 파렴치한 모습들이 넘쳐나면서 우리 사회의 아버지 이미지는 더욱 부정적이 되어가고 있다.

몽골 사회에서도 소련의 지배 시절 몽골 민족의 기상이 높아지고 저항 의식이 생기는 것을 방지하기 위해 남자들에게 좋은 직장을 주지 않았다. 남자들은 육체노동에 종사하게 하고, 사무실 근무는 대개 여자들의 몫이었다. 그리고 보드카(vodka, 러시아의 대표적인 증류주)를 싸게 공급해주었다. 이로 인해 몽골 성인 남성의 70퍼센트가 알코올 중독자가 되어 버렸다. 이들은 술을 먹고 가정에서 분노를 폭발시키곤 했다. 그 결과 가정이 깨지고 아이들은 아버지를 무서워하며 피하고 싶은 존재로 인식하게 되었다.

이 세대는 아버지에 대한 배고픔을 가진 세대이다. 아버지에 대한 배고픔은 큰 아픔이지만 때로는 이것은 우리 마음속 깊은 자리에 있어서 인지하기 어려운 아픔이다. 마치 간(肝)이 아픈 것을 우리가 쉽게 느끼지 못하는 것과 같은 아픔이다.

아버지의 재발견

아버지는 우리에게 정체성을 제공한다. 자아가 형성될 첫 단계에서는 아버지와의 관계를 통해서 인식하게 된다. 그리고 아버지는 약속을 준다. 바로 유산이라는 이름의 약속이다. 이것은 재산만을 의미하지 않는다. 그 가문의 정신적, 영적인 유산이 아버지와의 관계성을 통해 자녀들에게 흘러들어온다.

내가 선교지에서 공동체를 이루며 사역하면서 바라는 한 가지 소망이 있었다. 내가 공동체를 이끌며 아버지 됨을 확인하는 것이다. 아울러 나와 함께 사역하는 사람들이 아버지 됨을 확인할 수 있도록 도와주는 것이다.

아버지는 자녀에 대해 무한 책임과 무한 권한을 가진다. 아버지에게 있어서 자녀 양육은 대가를 바라서 마지못해 감당하는 책임이 아니다. 이것은 자발적으로 이루어지는 것이다. 이것을 위해서는 온전하고 충분한 결정권 이양, 이것이 가정 질서의 핵심이다.

위에서 누군가의 통제를 받지 않을 때, 아버지는 그 역할을 잘 해낼 수 있다. 할아버지가 아버지의 역할을 대신하는 것은 결코 바람직하지 않다. 그리고 아버지가 된 사람에게도 실수를 통해서 배울 수 있는 기회를 주어야 한다. 우리는 완전하기 때문에 아버지가 되는 것이 아니기 때문이다. 하나님은 부족하지만 아버지된 자들을 통해서 하나님나라를 확장하기 원하신다. 그래서 우리를 신뢰하시고 부족함에도 불구하고 아버지로 세워주시는 것이다. 아버지가 또 다른 아버지를 낳고 그래서 많은 아버지들이 함께 연합하여 하나님나라를 확장해 가는 것, 이것이 내가 선교지에서 꿈꾸는 조직 문화이다.

하나님은 우리를 아버지와 어머니로 부르셨다

세상에서는 편한 것을 행복이라고 하지만 내가 경험한 바로는 많이 섬길 수 있게 되는 것이 행복이었다. 사랑하는 사람을 위해서 하는 일은 노동이 아니다. 우리는 아내와 자녀들을 위해서라면 무엇을 줘도 아깝지 않다고 느낀다. 우리가 아이한테 앞으로 주어질 대가를 바라고 주는 게 아니다. 오히려 아이를 위해 퍼부어주는 동안 내가 더 일할 의욕을 갖게 된다.

아버지로서 비록 가정을 위해 열심히 일해서 벌어다주고 보살펴주어도 감사보다는 못해주는 것에 대해 원망을 들을 때가 있다. 원망을 들으면서도 힘들게 아버지 노릇을 할 수 있는 이유는 그것이 사명이기 때문에 그렇다. 그런 것이 하나님이 우리에게 주신 사명이다.

자본주의 사회에서 직장 문화의 한 기원을 이룬 것이 영국의 산업혁명이다. 그 시기 사람들은 기계론적 세계관의 영향하에서 세상이나 사회 또는 직장을 하나의 거대한 기계로 보았다. 그리고 그 속의 한 부품으로 사람들을 이해되었다. 기계 부품은 언제든 다른 새 것으로 바꿀 수 있다. 기계는 고장 나지 않도록 누군가의 관리하에 있어야 한다.

우리는 조직에 있는 사람들을 이런 관점으로 보게 되었다. 자기 밑에 있는 사람은 언제든 바꿀 수 있고 또 게을러질 수 있으니까 감시해야 한다. 부하직원을 평가하는 가장 중요한 기준은 효율성과 업무 능력이 된다. 이러한 조직 체계의 특징이 있는데, 그 조직에 있는 사람들에게 월요일이 가장 힘든 날이고, 휴일이 가장 즐거운 날이 된다는 것이다.

이러한 관점은 하나님께서 사람을 보는 것과는 다르다. 하나님은 사람들을 모두 아버지와 어머니로 부르셨다. 능력이 있든 없든 그들을 부모로 세우길 원하신다. 부모는 무한 책임과 권한이 동시에 주어진다. 자격이 있고 훈련되었기에 부모가 되는 것이 아니라 아이를 가지는 순간 부모가 된다. 그리고 부모가 되는 순간부터 부모가 되는 법을 배워간다.

현대 교회가 가지는 또 하나의 비극은 교회 조직의 모습이 하나님이 세우신 가정의 원리를 따라가기보다 산업혁명에서 비롯한 조직의 원리를 따라가고 있다는 점이다. 우리는 더 이상 담임 목회자와 부목회자의 관계 속에서 가정의 모델을 찾아보기 어려워졌다. 그리고 우리는 그러한 조직 관계를 무의식중에 선교지의 교회에 이식하려고 한다. 한국 교회에서 파송된 선교사들은 교회에서 다른 모델을 경험해본 적이 없기 때문이다. 한국 교회와 가정의 영적 수준이 결국 한국 선교사의 수준을 결정한다.

아이들에게 정말 필요한 것

미국에서 새삼 발견한 사실은 아이들이 편안한 환경에 있다고 꼭 행복한 것은 아니라는 것이다. 첫째 아이와 둘째 아이는 몽골에서의 생활을 매우 행복했던 순간으로 기억하고 있다. 그럼에도 불구하고 나는 미국에 있는 동안 몽골에서 아이들에게 해주지 못했던 것들을 해주고 싶은 마음이 있었다. 늘 매연과 먼지 속에서 살아야 했던 아이들을 위해 미국에서 수영장에도 데려가고 탁 트인 야외에서 놀아주기도 했다.

미국 남부 도시의 환경은 아이들에게 쾌적함을 주었다. 그러나 그로 인한 감사의 시간은 그리 오래가지 않았다. 한 8개월 정도 지난 어느 날, 큰 아이가 불만을 표출하기 시작했다. 학교에서 친구들을 사귀면서 점차 비교하는 눈을 가지게 되었다. 몽골에서 다 같이 없이 살 때는 문제되지 않았던 것들인데 좋은 환경에 오니 더 좋은 것을 가진 누군가와 자신을 비교하고 그로 인해 스스로를 불행하다고 느끼게 된 것이다.

중학교를 다니게 된 큰 아이는 친구가 최신형 스마트폰을 갖고 있는 것을 알게 되었다. 자기는 구형 휴대폰도 없는데 자기 친구는 스마트폰이 있다는 사실에 대해 엄마에게 서운함을 표현했다. 또 어느 날은 이웃 교회 수련회에 보냈는데 그 반 친구가 케이팝(K-POP, 한국 외의 나라에서 한국의 대중가요를 일컫는 말)에 대한 이야기를 했다. 큰 아이는 외국에서 살다 왔기 때문에 한국 대중문화에 대한 이해가 없었다.

케이팝이 뭐냐고 물었더니 친구가 무시하듯이 대답했다.

"너 그거 모르니? 너 그거 모르는 건 죄야."

그러자 아이는 긴장하고 놀래서 그 반의 대학생 보조 선생님에게 물었다.

"그 말 진짜예요? 이런 거 모르면 죄예요?"

그러자 아이의 성장 배경을 잘 모르는 상황에서 선생님은 오해하여 다소 심각한 표정으로 "넌 좀 자유롭게 클 필요가 있겠어. 성장 과정에 좀 문제가 있는 것 같다. 그래서는 크게 될 수가 없는데." 라며 말했다.

미국에서 자란 한국 교포 1.5세나 2세들의 문제는 부모와의 관계에 대한 어려움이 있다는 점이다. 부모의 억압이나 기성세대의 몰이해에 대한 분노의 감정이 있고 때로는 그런 감정이 다른 아이들에게 전이되기도 한다. 그 말을 들은 큰 아이는 '그래, 난 뭔가 문제가 있는 거 같아'라는 생각을 하게 되었고, 그 날 우울한 시간을 보냈다. 자기가 불행하다는 생각이 들기 시작한 것이다.

그런 아이의 말을 듣고 나서 나는 깨달았다.

'아하, 몽골 같은 선교지보다 오히려 한국이나 미국에서 아이를 키우는 것이 훨씬 큰 도전이겠구나.'

그 때 비로소 한국에서 살아가는 학부모들의 고충을 조금이나마 이해하게 되었다. 그 날 나는 기도하면서 어떻게 해야 할지를 놓고 하나님께 묻는 시간을 가졌다. 내 눈에서 눈물이 맺히려고 할 때, 아이들에게 하나의 도전을 해야겠다는 마음이 들었다.

그 날 저녁 집에서 가정 예배를 드리면서 아이들에게 질문했다.

"얘들아, 아빠가 너희한테 정말 바라는 게 하나 있어. 그게 무엇인지 아니?"

"글쎄요. 잘 모르겠어요. 음, 우리가 착한 거?"

"그럼 우리가 공부잘하는 거?"

"아니."

"말 잘 듣는 거?"

"아니."

"밥 잘 먹는 거?"

"아니. 아빠가 너희한테 정말 바라는 것이 있는데, 이것이 이루어지면 아빠가 너희 다 키웠다는 생각이 들 거야. 그럼 아빠는 아빠로서 할 일다 한거라 마음이 한결 편안해질 것 같아."

"뭔데요?"

"너희가 예수님을 알기 때문에 때로는 힘들고 어려운 길처럼 보이는 것도 선택할 수 있고, 너희가 예수님을 사랑하기 때문에 네가 양보하지 않아도 되지만 그 사랑 때문에 누군가에게 양보할 수 있고, 네가 예수님을 믿기 때문에 때로는 네가 당연히 누릴 수 있는 권리라고 느끼는 어떤 부분에 대해서도 포기할 줄 알면 아빠는 더 바랄 것이 없을 것 같아."

나는 그 날 아이들과 같이 예배하고 기도하면서 다시 확인할 수 있었다. 아이들에게 정말 필요한 것은 좋은 환경이나 선물이 아니라 하나님을 아는 지식과 하나님을 경험하는 삶이라는 것을 말이다.

영적인 눈으로 보는 경제적 필요

한국의 많은 가정이 아이를 낳는 것을 기피하는 이유 중 하나가 경제적인 이유 때문이다. 기도하면서 깨닫게 된 것은 우리 가정에 아이를 하나 주실 때마다 하나님께서 경제적으로나 영적으로 예비해 놓으신 것이 있다는 사실이다.

아이 자체가 하나님의 메시지가 되는 경우가 많다. 선교지에서 수많은 믿음의 가정들을 만나 교제하면서 하나님께서 가정에 아이를 주실 때 그 가정에 새로운 의미를 전달해주시거나 그 가정의 상황을 업그레이드시키시는 경우가 많다는 것을 볼 기회가 많았다.

우리 가정의 경우도 그랬다. 아이가 태어날 때마다 영적으로, 사역적으로 부어주시는 은혜가 컸다. 아이가 태어나고 우리 가정에 돌아오는 경제적 혜택이 컸다. 아이가 생길 때마다 생각지 않게 들어오는 소득이 있었다. 그 때마다 아내와 나는 '아기가 먹을 것은 미리 준비되어 있다'는 사실을 경험했다.

하나님께서는 아브라함에게 그가 밟는 땅을 다 그에게 주겠다고 하셨다. 하나님께서 아브라함의 순종을 기뻐하시며 그에게 주시고자 한 축복이다. 그런데 그 땅에는 이미 여러 족속들이 거주하고 있었다. 그리고 그들이 그 땅의 소유주로 되어 있었다. 그들의 눈에는 그들이 그 땅의 소유주였지만 영적으로는 아브라함이 진짜 소유주였다.

하나님은 그 땅을 아브라함의 소유로 정해놓으셨지만 아브라함이 바로 그 땅을 자신의 것으로 주장할 수는 없었다. 아브라함의 아내 사라가 죽었을 때 아브라함은 그의 아내를 묻을 동굴 하나도 소유하지 못했다. 그래서 헷 족속에게 동굴이 딸린 땅을 달라 청했다. 그들이 아브라함과의 관계를 생각해서 거저 주기를 원했지만 그는 한사코 돈을 지불하고 그 땅을 얻었다. 비록 그가 돈을 주고 땅을 사야 했지만 여전히 그 땅 전부는 하나님이 그에게 준 것이었다. 하나님의 약속은 구체적으로 실현된다. 그러나 그 약속이라는 계좌를 소유할 뿐 아니라 그 계좌 안에 있는 것을 인출하기 위해서는 믿음과 기다림이라는 방법을 사용해야 한다.

하나님께서 더 많은 일을 위임하심

몽골에서의 사역을 통해서 우리는 평생 경제적인 필요를 느끼며 살도록 지어진 존재라는 생각을 갖게 되었다. 많은 사람들은 앞으로 경제적인 필요가 커질 것에 대한 두려움으로 살아간다. 하지만 경제적인 필요가 커진다는 것은 그만큼 나 자신이 성장하고 있다는 뜻이기도 하다.

몽골에 들어갔을 때 우리 가정은 매달 60만 원 정도의 후원금으로 살면서 매달 100만 원 정도의 필요를 느끼며 지냈다. 그런데 학교에서 점차 책임을 맡고 학교와 공동체의 필요를 내가 떠맡기 시작하면서 100만 원에서 1,000만 원 단위의 필요를 느끼며 지냈다. 학교 사역이 더 커지고 섬겨야 할 공동체가 확장되면서 나는 거기서 한 단계 더 높은 차원의 경제적 필요를 느끼게 되었다.

이 땅에서 많은 일들과 맞닥뜨리면서 늘 많은 필요를 보게 되는 것은 당연한 일이다. 더 큰 경제적 필요를 느끼게 되었다는 것은 그만큼 내가 성장했다는 뜻이고, 하나님께서 더 많은 일을 위임하셨다는 것이라고 받아들일 수 있었다. 경제적인 필요가 내가 원하는 시간에 채워지지는 않은 때가 많았다. 그러나 되돌아보면 어느 시점에선가 그 부분은 해결되어 있었고, 또 다른 필요와 씨름하는 나를 보게 되었다. 어찌 보면 아이를 더 낳는 것도 마찬가지이다. 아이가 많아지는 만큼 나 자신의 경제적인 책임과 역량이 커가게 된다.

경제적인 필요가 커질 무렵, 하나님께서는 《내려놓음》 책 판매로 인한 인세를 내 통장에 부어주시기 시작하셨다. 내가 한 번도 기대해보지 못한 일이 벌어지고 내 통장에 재정이 쌓여가고 있었던 것이다. 그 재정은 사역에 필요한 부분으로 흘러갔다.

필요와 부족을 통한 우리의 성장

어느 순간 이 모든 일이 내 계획이나 의도와는 무관하게 벌어지고 있음을 깨달았다. 내 통장도 내 것이 아니라는 사실을 깨달은 것이다.

내 통장은 하나님의 차명 계좌였다. 하나님은 내 계좌를 사용하셔서 몽골 사역에 필요한 곳으로 당신의 재정을 흘려보내고 계셨다. 나는 그저 그 하늘 계좌에 이름을 빌려준 사람이라는 생각이 들었다.

실은 하나님의 차명 계좌를 가지고 있는 것은 무척 행복한 일이다. 하나님이 일하시는 것을 옆에서 보고 배울 수 있는 특권을 누리기 때문이다. 우리의 문제는 그분의 계좌를 내 것으로 여기고 힘들어 한다는 것이다. 이러한 일들을 계속해서 경험하면서 나는 선교지의 지속적인 필요와 계속되는 부으심 사이에서 중간 역할을 하는 사람으로 부르심을 받았음을 고백하게 된다.

한편, 어느새 나는 몽골에서 대학교라는 한 조직을 맡은 부총장이면서 동시에 학교 이사장의 역할을 하는 존재가 되었다는 사실을 발견했다. 직장에서 필요한 재정을 담당하면서 직장생활을 하는 것은 세상의 방식을 거스르는 것이다. 세상에서는 대가와 보상을 바라고 일하는 것이 관례이다. 돈을 내고 직장을 다니면서 나의 입김이나 주장을 내지 않는 훈련을 하는 것은 내게 새로운 도전이었다. 어느 사역에 재정을 흘려보내지만 그 사역을 내가 좌지우지 하지 않기 위해서는 하나님의 지혜가 필요했다.

나는 문득 내 돈과 시간과 에너지를 다 들여서 할 수 있는 일이 진정한 사명이라는 생각을 하게 되었다. 내 모든 것을 부어도 아깝지 않은 것은 사랑과 열정 때문이다. 그 사랑과 열정을 줄 수 있는 대상이 하나님의 사명이다. 돈을 받아야만 해주는 일은 사명이 아니다.

한 번은 이 세상을 지으신 하나님께서 왜 우리에게 경제적인 필요와 부족을 주실까 생각해본 적이 있었다. 그분은 마음이 넉넉하신 분이고 우리의 필요를 잘 알고 계신다. 그럼에도 불구하고 우리의 필요를 바로 바로 채워주시지 않는 때가 있다. 우리는 필요를 통해서 성장을 이루어 간다. 하나님께서 우리의 필요를 바로 채우지 않으시는 이유이다. 더 큰 목마름이 그분의 더 강력한 임재를 기대하게 되기 때문이다.

미국의 서브프라임 모기지 사태(subprime mortgage crisis, 대형 모기지론 대부업체의 파산으로 국제금융시장에 닥친 연쇄적 경제위기)이후 발생한 경제위기 소식에 앞으로 학교의 재정적 필요가 어떻게 채워질지 하나님께 기도하며 나아가는 시간을 가졌다. 그 때 마음에 그 위기가 생각보다 뿌리 깊은 것과 맞닿아 있어서 단기간 내에 해결되지는 않을 것이라는 생각이 들었다. 하지만 하나님께서는 나에게 확신을 심어주셨다. 하나님께 나아와 구하고 의지하는 자를 하나님께서 경제 위기 속에서도 어떻게 돌보시는지를 알게 하신다는 것이다.

보릿고개 금고

몽골 땅에서 사역의 경제적인 필요는 우리에게 늘 도전이었다. 선교를 위한 대학교 사역은 끝없는 경제적 투자가 필요한 사역이기 때문이다. 하지만 하나님께서는 기근에서도 우리 사역자들을 굶기신 적은 없었다. 늘 모자라지만 그 안에서 풍성함을 발견할 수 있었다. 학교가 어려워 약 6개월 동안 사역자들에게 주택보조비를 지급하지 못한 적이 있었다.

몽골국제대학교의 교직원들은 자비량의 원칙 하에 사역을 했다. 교직원들은 교회 또는 아는 분들로부터 후원을 받아 사역을 한다. 그 중에는 목회자 안수를 받지 않고 전문인으로서 대학원 교육을 마치고 바로 들어온 지체들이 많았다. 그런 경우 교회 후원을 받기 어려웠다. 그저 자신이 모아놓은 통장과 지인들의 작은 후원에 의지해서 생활했다. 그런 사역자들에게는 학교에서 매달 주택보조비 명목으로 지급하는 미화 200불 정도의 사례가 큰 의지가 되었다. 그런데 학교가 한때 어려웠던 시기 여러 달 주택보조비를 지급하지 못해 경제적 어려움을 겪는 지체들이 많았다.

그 무렵 학교의 한 조기 은퇴한 장로님 가정이 헌신해서 '보릿고개 금고'라는 것을 시작했다. 장로님 한 분 외에는 어느 누구도 이 금고에 돈이 얼마 들어오고 얼마 나가는지를 알지 못한다. 아무나 돈에 여유가 되는 사람은 그 금고에 돈을 넣는다. 그리고 필요한 사람은 그 금고에 돈을 찾는다. 나는 그 금고가 만들어지고 몇 주 정도나 버틸지 궁금했다. 혹시나 어려운 사람들이 도움을 받고 싶어도 금고가 바닥나 있으면 어렵겠다는 생각에 장로님께 묻곤 했다.

"금고에 잔액이 좀 남아 있나요?"

"예, 아직 많이 남아 있어요."

놀라운 사실은 여러 달이 지나서도 금고가 마르지 않았다는 것이다. 결국 금고가 마르면 내가 방법을 찾아서 메워야겠다는 생각이 있었지만 결국 두 해가 넘어가도록 금고는 마른 적은 없었다. 그 금고가 마른 적이 없다는 사실은 적어도 사역자들 중에 돈이 떨어져서 굶고 지내는 사람들은 없었다는 것이다. 내 짐작으로는 그 장로님 가정이 조용히 많은 헌신을 하셨을 것이라는 생각을 했다. 하나님께서 공동체의 여러 사람들에게 다른 이의 필요를 돌아보는 마음을 주셨기에 가능한 일이었다. 이 금고를 통해서 하나님은 내게 사역자들의 재정 문제에 대해 평안의 확신을 주었다.

"내가 이들의 필요를 채우고 있단다."

이 금고는 나와 공동체에게 경제적인 채움 이상의 축복을 선물로 주었다. 그리고 이러한 과정을 통해 하나님의 은혜 안에서 마음이 더 부요해짐을 경험하게 된다.

자녀 교육의 부담 내려놓기

어떤 부모들은 아이를 더 갖지 못하는 이유가 아이들의 교육 문제 때문이라고 이야기한다. 아이들을 적게 갖고 그 아이들에게 집중 투자하는 것이 아이들에게 좋다는 것이다. 하지만 그것이 정말 아이들을 위한 좋은 계획이 아닐 수 있다.

아이들의 교육 문제는 부모들의 숙제이고 짐으로 여겨진다. 선교사로 나가지 못하는 이유를 자녀들의 교육 문제 때문이라고 많이들 이야기한다. 내게도 자녀 교육에 대해 걱정되지 않느냐는 질문을 하는 분들이 많다. 감사하게도 내가 자녀 교육 문제에 자유하면 할수록 하나님께서 아이들을 위한 계획을 펼치시는 것을 경험하게 된다.

몽골에 있는 동안 나의 첫째와 둘째는 한국인 선교사 자녀학교를 다녔다. 거기에서 감사했던 것은 아이들이 신앙 교육을 받을 수 있었다는 것이다. 그리고 선교사 선생님들을 통해서 선교사 자녀 친구들과 함께 교육을 받으면서 예쁘고 아름다운 공동체를 이룰 수 있었다. 그것은 아이들에게 놀라운 축복이었다.

몽골에서 사역했던 서구 선교사님들 중에는 자녀를 일곱 이상 두신 분들이 있었다. 대부분 홈스쿨링으로 자녀들을 양육했다. 그 중 선교사 한 분은 몽골에서 고등학생 나이의 아들을 잃었다. 그 아이는 정신을 잃고 한국의 한 병원에서 치료를 받았지만 회생되지 못했다. 그런데 그렇게 자녀를 먼저 떠나보낸 가정에서 그 자녀들을 위해 기도하며 서로를 위로하는 것을 보며 도전을 받은 적이 있다.

한 분은 몽골국제대학교에서 사역을 하셨는데 아이 아홉을 두었다. 이 분은 캘리포니아 공과 대학 출신으로 선교사로 자원하여 독일, 터키, 카자흐스탄, 그리고 중국 신장에서 사역하다가 몽골로 들어오신 분이었다. 이 분은 특별한 후원 없이 자비량으로 아이들을 키웠다. 현지의 적은 임금에 의존해 생활하다 보니 현지인들보다 어려운 환경에서 살았다. 추운 겨울 빈민촌 나무집에서 석탄을 때며 방 하나에 여러 식구들이 모여 살았다.

그 와중에서도 학생 중에서도 방을 구할 수 없는 아이들을 재워주기도 했다. 그 집의 셋째와 넷째가 몽골국제대학교에서 잠시 학교생활을 한 적이 있었다. 이 두 형제는 겸손하고 수줍음을 많이 타서 행동이 서양 아이들 같아 보이지 않았다. 넷째 아이에게 부탁해서 동연이 영어 회화를 일주일에 2번 지도해 달라고 부탁한 적이 있었다. 이 형제는 사랑의 마음으로 나누기 위해 가르치는 것이기에 차비 외에는 사례를 받지 않겠다고 사례비는 사양했다.

그 학생의 신발을 보니 그렇게 낡은 신발은 본 적이 없었다. 밑창의 4분의 1 정도가 떨어져 나와 덜렁거릴 정도였다. 그 추위에 어떻게 걸어 다닐까 생각하니 마음이 아팠다. 이 형제는 목욕할 수 없는 환경에서 살았기 때문에 집에 들어와 있으면 냄새가 났다. 그런데 놀랍게도 냄새가 나는 발보다 냄새나지 않는 발을 가진 내가 더 부끄러운 마음이 들었다.

남들이 가지 않는 그 길

그 선교사님은 자녀들을 모두 집에서 홈스쿨링(Home Schooling, 학교에 가는 대신에 집에서 부모한테 교육을 받는 재택 교육)을 하셨다. 자녀들에게 물어보니 그냥 책을 많이 읽는 것 외에는 다른 공부를 한 것이 별로 없었다고 한다.

흥미로운 사실은 대학 갈 나이를 지난 자녀들 모두 명문 대학에 입학

했다는 것이다. 첫째 딸은 코넬대학을 졸업했다. 그리고 몽골에 들어와서 가난한 몽골인 목사와 결혼해서 가정을 이루고 사역하고 있다. 둘째는 다트머스대학 졸업을 앞두었다. 셋째는 알래스카주립대학을 다니다 휴학하고 몽골에 와서 몽골국제대학교에서 청강을 하면서 학생 사역을 도왔다. 넷째는 뉴욕의 컬럼비아대학교에 합격해서 공부하러 갈 준비를 하고 있었다.

4명 모두 전액 장학금을 받아서 생활비까지 받으면서 대학교를 다닐 수 있었다. 나는 넷째 형제에게 컬럼비아대학교에서 그를 장학생으로 뽑아준 이유가 무엇 때문인 것 같으냐고 물어본 적이 있었다.

그 친구는 말했다.

"제 SAT(Scholastic Aptitude Test, 미국의 대학입학 자격시험)성적은 그 학교 학생들의 평균에 비해서 그다지 높은 것은 아닐 겁니다. 제가 생각하는 합격 요인은 아무래도 제 에세이 때문인 것 같습니다."

그는 중국 신장 지역에서 살 때 대학 지원을 했다. 그 당시 위구르인들의 시위 사태로 인해 우루무치 지역에 계엄령이 선포되면서 외국에 지원 서류를 넣을 수 없게 되었다. PC방에 찾아가서 서류 작업을 하던 도중 경찰이 들이닥쳐서 도피하던 시기의 내용을 가지고 에세이를 썼는데, 그것이 강한 인상을 주었던 것 같다고 한다. 우리가 좁은 길이라고 생각하는 그 길이 실은 넓은 길일 수 있다.

길이 없다고 생각되는 그곳 광야에서 하나님은 그분을 신뢰하는 자들에게 길을 보여주신다. 그들 형제들에게는 대학 입학이나 졸업이 삶의 중요한 목표가 되지 못했다. 하지만 그들의 앞으로의 섬김을 위해 하나님께서는 그들에게 덤으로 학교의 축복도 허락해주셨다.

나도 미국 유학 시절에 장학금 심사 위원으로 일했던 적이 있다. 그때 강렬한 에세이가 합격에 미치는 영향에 대해서 배울 수 있는 기회가 있었다. 미국에 이민 간 한국인 부모들은 자신의 아이들을 교육시킬 때 남들이 가는 길을 따라가야 경쟁에 뒤쳐지지 않을 것이라고 생각하며 안심한다.

그래서 그 무리에 껴서 적당히 앞서가기를 원한다. 그러나 나만의 독특함을 가지고 나만의 길을 걸어간 사람이 대학 입학 사정관이나 직장의 면접 위원들에게 더 매력적으로 보일 수 있다. 우리가 알고 있는 익숙한 길, 남들이 다 가는 그런 길이 우리 자녀들을 위한 최선의 길이 아닐 수 있다.

부모들의 잘못된 목표

많은 부모들이 자녀들에게 하나님이 아닌 다른 좋은 것을 주려고 노력하다가 도리어 자녀를 잃어버리는 아픔을 경험한다. 아들을 좋은 환경에서 교육하여 성공시키겠다고 많은 부모들이 미국에 들어가서 고군분투하는 삶을 산다. 그래서 아이들이 좋은 대학에 들어가도록 최선을 다한다. 자녀들의 경제적으로 더 나은 삶과 성공이 부모들의 삶의 목표가 되어 버렸다.

나는 미국의 어느 중부 도시에서 집회를 하다가 한 집사님 내외분의 기도 부탁을 받고 마음이 아픈 적이 있었다. 그 분의 아이들이 대학에 가서 교회를 떠났다고 한다. 한 아이는 대학원 시절 어느 날, 여자친구를 데려 왔는데 베일을 쓴 중동계 무슬림 여자였다. 부모가 낙심되어 필사적으로 아들을 말리려고 했다.

"얘, 제발 그런 아이만은 안 된다, 절대 안 된다."

그 아들은 영어로 이렇게 대답했다.

"아버지! 인종차별하지 마세요. 내 여자친구가 교회는 안 다니지만 적어도 아버지보다는 정직한 아이예요."

삶의 목표가 성공이 되면 우리는 자녀들을 잃어버리게 된다. 많은 사람들이 이렇게 기도한다.

"모든 고난은 내가 질 테니 우리 애들만큼은 편안하게 고생 없이 살게 해주세요."

이것은 결국 자녀를 죽이는 기도이다. 성공을 따라가고 안락함을 따라가라고 가르치면 아이들은 하나님과 세상 가운데 결코 하나님을 택하지 못하게 된다.

최근에 내가 접한 통계에 따르면 이미 한국의 많은 대학에서 크리스천의 비율이 3퍼센트 이하로 떨어지고 있다고 한다. 3퍼센트 복음화율은 실은 미전도 종족 여부를 구분하는 기준이 된다. 몽골이 기독교인의 숫자가 지극히 적지만, 적어도 대학에는 5퍼센트 이상의 크리스천들이 있다. 중국은 10퍼센트가 넘는 것으로 추정된다. 그리고 북경의 한 명문 대학에서의 자체 조사에 따르면, 그 대학에서 적어도 60퍼센트 정도가 교회에 대해 호감을 갖고 있다고 한다. 회교권 국가인 인도네시아의 반둥 대학의 경우에도 크리스천 비율이 20퍼센트에 이른다고 한다.

한국 대학교에서의 낮은 복음화율은 실은 신앙을 가진 부모와 교회의 잘못이 크다. 교회가 세상을 따라갔지 세상을 끌고 가지 못하다 보니 교인들이 하나님을 믿는 이유는 사회적으로 성공하기 위해서였다. 가정에서 자녀를 교육함에 있어서 주안점은 경쟁에서 이기도록 하는 것이 되어 버렸다. 남들과의 경쟁에서 지지 말아야 하는 것이 우선순위가 되었기에 주일날에 학원가기 위해서 주일 예배를 빠지는 것도 충분히 양해될 수 있는 일이었다.

그 결과 자녀들은 가정에서 하나님을 경외하는 법을 배우지 못했다. 그랬기 때문에 자녀들은 대학교 입학 때까지 하나님과 세상 가운데 선택해야 할 일이 있으면 세상을 택하는 것을 당연하게 여기게 되었다. 그렇게 자라난 자녀들은 대학에 입학한 후 세속주의 물결 속에 휩쓸리며 자연스럽게 세상을 쫓게 마련이다.

대학들의 영적 황폐화

국내 한 기독교대학의 교목으로 계신 목사님의 말에 의하면, 기독교 재단 하에 있는 많은 대학에서 채플 시간이 황폐화되는 어려움을 겪고 있다고 한다. 찬양 시간에 회중석에서 거의 찬양 소리가 들리지 않는다고 한다. 보통 기독교 재단의 대학의 경우 20퍼센트에서 많게는 30퍼센트 정도의 크리스천 학생들이 있다고 한다. 적어도 이들만 찬송을 불러

줘도 어느 정도는 분위기가 형성될 수 있겠지만 이들조차도 채플 시간에 찬송가를 부르는 시간에 찬송가를 부르지 않는다는 것이다.

주변의 학생들이 입 다물고 예배를 무시하는 상황에서 용기 있게 찬양할 수 있는 크리스쳔 학생들이 별로 없다는 것이다. 교회에 다니는 목표가 성공이 되어 버린다면 우리의 자녀들은 기독교에 대해 냉담한 다수 속에 섞여 있는 상황에서 주류를 거스를 용기를 가질 수 없게 된다.

미국의 예수전도단(YWAM) 텍사스 베이스에 머물렀을 때 알게 된 것이 하나 있는데, 고등학교를 졸업한 학생들 다수가 대학에 바로 가지 않고 그곳에 와서 신앙훈련을 받고 있다는 것이다. 그들의 부모는 이미 미국 대학에서 세속화의 도전 속에서 갈등을 겪으며 무너져본 경험이 있는 세대들이다. 그들은 대학 기숙사에서 주말에 어떤 일이 벌어지는지를 잘 알고 있다. 그리고 지금의 대학교 내의 실상은 기독교 가정에서 자란 청년들에게 그때보다 더욱 어려워지고 있음을 알고 있다. 그래서 대학 입학 전에 자신의 자녀들을 영적으로 무장하는 것이 대학에 빨리 들어가는 것보다 더 중요하다는 사실을 뼈저리게 경험했다.

한국의 교회는 이 부분에 무방비 상태에 있다. 교회에 대학을 앞둔 자녀들의 입시를 위한 새벽 기도회는 있어도 그들을 유혹으로부터 보호하고, 또 대학에서 빛과 소금으로 살아갈 수 있도록 돕기 위한 새벽 기도회가 있는 교회에 대해서는 들어보지 못했다.

오히려 교회 안의 자녀들이 대학 입시에 집중하고 세상에서 경쟁을 이기게 하기 위해서 신앙생활을 유보하는 것을 당연시해 왔다. 이것이 지금 교회가 청년들을 잃어가고 있는 이유이다. 교회가 세속화 되어 있기 때문에 그 안에서 자란 자녀들이 세상의 유혹을 막아낼 능력을 얻지 못한 것이다.

CHAPTER 09

새 땅으로 부르신
하나님의 위로가 담긴 약속

부흥하는 인도네시아

인도네시아는 지금 새로운 부흥의 열기를 맞고 있다. 최근 보고에 따르면 인도네시아의 기독교 성장률이 세계 1위가 되었다고 한다. 회교 종파 가운데 한 그룹이 이단으로 낙인찍히면서 이들이 대규모로 기독교로 개종하는 사태가 발생했다.

무슬림 가운데 기독교로 개종하는 숫자가 많아지면서 인도네시아에서 2035년이 되면 기독교인 수가 무슬림 수를 능가할 것이라는 우려가 회교권 내에서 나오고 있다. 그리고 이러한 추세를 막기 위해 중동권의 오일 머니(oil money, 산유국이 석유수출대금으로 받은 달러)가 들어와서 이슬람 학교를 대거 세우고 있다.

인도네시아는 1998년에 큰 폭동이 일어나 다수의 기독교인들이 무슬림에게 살해된 바 있다. 그 후 교회가 모여서 부르짖기 시작했다. 형식적인 기독교인들이 바뀌는 계기가 되었다. 박해는 교회를 더욱 굳건히 세우게 했다. 해외에 흩어진 교회들은 인도네시아 교회가 선교하는 교회가 되기 위해 기도하기 시작했다. 올해에 열린 세계기도성회는 그 뜨거운 열기를 전 세계 교회에 보여주는 계기가 되었다.

올해 들어 24시간 쉬지 않고 기도하는 교회들이 인도네시아 전역에 생겨나고 있다. 자카르타의 가장 높은 건물을 소유한 부동산 재벌은 그 건물 꼭대기의 고급층 전체를 비워서 자카르타를 위한 24시간 기도의 공간으로 제공했다.

올해 자카르타 역사상 처음으로 중국계 기독교인이 부지사로 선출되었다. 그는 교회 지도자들과 한달에 한 번씩 자신의 관저에서 기도하는 시간을 가지기로 약속했다. 또한 주지사도 교회 지도자들과 정기적인 대화의 시간을 가지기로 약속했다. 인도네시아의 교회를 보면 한국의 1970년대와 80년대의 성장기를 보는 느낌을 갖는다. 이제 곧 세계 선교에 있어서 중요한 역할을 할 날이 멀지 않았다.

우리를 이 땅에 부르신 이유

하나님이 대학교 사역으로 우리 가정을 이 땅에 부르신 이유에 대해서 묻는 시간을 가지고 있다. 이 땅의 영적 필요를 보고 겸손히 이 땅의 교회와 성도들을 섬기기 위해서 배우며 기도하는 시간이다. 기도 가운데

주셨던 마음은 백지 상태에서부터 하나님의 인도하심을 받으며 천천히, 그러나 확실하게 걸음을 디뎌나가라는 것이다. 현재 이곳에 우리 가정과 함께 다섯 가정이 자비량 선교사로 들어와 대학 설립 준비를 하며 기도하고 있다. 우리가 교육한 학생들이 인도네시아 섬 곳곳과 세계를 누비며 섬기고 사역하는 것을 꿈꾸면서 기도로 준비한다.

이미 자카르타 근교의 신도시 부지에 대학 부지가 마련되었고, 대학교 허가를 받기 위해서 그리고 현지 교회의 리더들과 좋은 파트너십을 가지는 일을 위해서 기도하고 있다. 대학교 설립을 위해서는 미리 여러 활동 경력을 쌓아야 하므로 내년 말 정도부터는 한국학 센터를 시작하려고 하고 있다.

앞으로 초중고 사역도 같이 갈 것을 고려해서 선교사와 교민 자녀 그리고 현지 중고등학생을 위한 방과 후 학교를 준비하고 있다. 아울러 이미 세워져 있는 신학교를 확장해서 기독교 교육학과와 기독교 음악학과를 신설하는 방안을 고려하고 있다. 종합대학을 설립하기 위한 준비 과정이다.

대학이 세워지게 되면 기숙사를 통한 생활 인성 교육 및 복음 사역에 초점을 맞출 생각을 갖고 준비하고 있다. 세워지는 대학은 영어와 인도네시아어를 병용하는 교학 프로그램을 만들어 가되, 한국 문화가 이 사회에서 가지는 긍정적인 이미지를 활용하면서 한국과 인도네시아 사이의 가교 역할을 하게 될 것이다.

선교사로 들어오는 교수진들은 당분간 학교가 안정적으로 운영되기까지는 스스로 후원을 확보하고 섬기는 사역 모델을 유지하려고 한다. 또한 교수들도 캠퍼스 안에서 함께 살며 공동체를 이루어 학교의 문화와 분위기를 통해서 학생들에게 다방면으로 영향을 주려고 계획한다. 대학 사역은 재정과 인력 확보가 관건이다. 몽골에서 함께해주셨던 하나님의 손길이 이 땅에서도 함께해주셔서 적절한 때에, 적절한 방법으로 우리의 필요가 채워지기를 기도한다.

어쩌면 우리가 이곳에 부름 받은 이유는 단순히 대학교 사역만을 위한 것은 아닐지 모른다. 그것이 어떠한 모습의 사역이 되든지 간에 우리의 소망은 우리의 사역이 이 땅에서 하나님을 예배하며 그분의 마음을 이 땅에서 나누는 통로 역할로 사용되기를 구하는 것이다.

공동체 사역에 대한 소망

이제 인도네시아에 온지 3달째를 맞았다. 이곳에서 할 일을 마치고 또 어느 길로 떠나야 할까? 사역지에 들어가서 사역을 구체적으로 시작하기 전에 가능한 한 떠날 때를 대비한 출구 전략을 마련할 필요가 있다. 내가 그곳에 없어도 되는 사역을 일구는 것이 내 사역의 궁극적인 목표이다.

선교지에서 대학교 사역의 현장에 있으면서 이 사역의 핵심은 공동체 사역이라는 것을 보았다. 아름다운 사역자 공동체를 만들어 그 공동체가 일하도록 일으키는 것이 그 사역의 핵심이다. 그리고 이 사역을 위해서는 리더의 역할이 특별히 중요하다. 리더 스스로 많은 것을 결정하기보다는 공동체가 그 일을 맡도록 권위를 이양하는 것이 그 공동체를 세우는데 있어서 중요하다.

그러나 대규모 기관 사역의 경우 명예나 권력과 같은 다양한 부수적인 요소들이 덧대어지곤 한다. 헌신에 대한 보상으로 명예와 인지도, 결정권 같은 것들이 생기면서 초점을 잃게 하는 경향이 있다. 특별히 한국 교회 공동체의 가장 큰 약점은 공동의 목표를 통해 연합하는 것이 어렵다는 점이다. 이것은 한국 교회 공동체가 가지는 아킬레스건과도 관계가 있다.

한국 교회 공동체는 주로 1인 주도형 리더십에 의지해왔다. 그러다 보니 선교지에서도 비슷한 종류의 리더십이 형성되었다. 문제는 그러한 리더십은 선교지에서 예수님의 섬김의 모습을 드러내고 아름다운 연합을 만들어 내는 데는 적합하지 않다는 것이다. 리더가 공동체의 중요한 부분을 독자적으로 결정하는 구조는 사역의 초점을 유지하면서 효율성을 극대화한다는 장점이 있다.

그러나 사역자들이 스스로가 그 사역의 일부라고 느끼고 함께 공동의 가치를 위해 기꺼이 연합하는 모델을 위해서는 다른 리더십 유형이 필요하다. 대학 공동체의 문화와 분위기가 복음적 가치와 기독 영성에 기초하지 않으면 우리는 사상누각(沙上樓閣)을 세우는 것이 된다. 내게 앞으로 주어질 학교 사역은 공동체 사역에 초점이 맞춰져야 한다고 믿는다. 하나님나라의 가치와 기독 공동체 문화를 이 땅의 캠퍼스에서 실현해보고 싶은 소망이 나를 이끌어 간다.

내게 또 한 명의 아이를 허락하신 이유에는 우리 가족에게 공동체 훈련이 필요했기 때문이라는 것을 깨달았다. 또 한 명의 아이가 태어나는 것을 부담스러워 했던 이유는 현재 내가 누리는 것을, 또 누군가와 나누게 되는 것으로 인한 부담이었다. 나누면 더 풍성해지는 삶의 의미를 머리로는 이해했을 뿐 내 몸과 마음이 그 진리에 대해 적극적으로 반응하기 쉽지 않았다.

나에게 넷째 아이를 허락하신 이유는 내가 공동체로의 부르심을 받았기 때문이라는 사실을 나중에 인도네시아에 들어가서야 깨달을 수 있었다. 가정에서 나를 달아보신 후 하나님은 나를 다시 공동체의 사역으로 인도하실 계획이 있으셨던 것이다.

우리가 공동체의 인원이 느는 것을 부담스러워 하는 이유는 더 많은 구성원이 생긴다는 것은 제한된 자원을 더 많은 사람과 나누는 것을 의미하기 때문이다. 공동체가 새로운 생명을 얻는다는 것은 그만큼 우리가 섬겨야 할 분량이 늘어나는 것을 의미한다. 특히 공동체의 리더로서 커지는 공동체를 지탱하는 최종적인 책임을 감당해야 한다는 엄청난 부담이 있다.

아이를 낳으면서 기다림의 훈련을 시키신 가장 큰 이유는 바로 공동체의 누군가를 품기 위해서 기다리는 시간이 필요했기 때문이다. 실은 이러한 기다리는 시간들은 우리의 훈련 기간이다.

공동체 사역은 나의 자기중심적인 삶의 방식과 충돌을 빚는다. 거기에서 나의 완악함과 고집스러움과 자기중심성을 대면하게 된다. 그러한 삶은 조금이라도 영적 성장을 이루었다고 자각하는 자의 교만한 마음을 여지없이 좌절시킨다. 내 안에 드러나지 않았던 새로운 약점들이 드러나기 시작한다. 방법은 한 가지, 나의 약점을 그저 성령의 빛에 노출시키며 그분의 도움을 구하는 것뿐이다. 나의 연약함을 고백하고 그분의 도우심 없이는 공동체를 섬길 수 없음을 인정하고, 겸손히 그분의 도우심을 구할 때 비로소 나는 또 한 걸음을 내디딜 수 있게 된다.

거룩함의 소원

나는 선교사로 몽골에서 사역하면서 내 안에 많은 것들이 새로워졌음을 경험했다. 물론 아직 갈 길은 멀지만 그래도 전보다는 더 관대하고 여유로운 사람이 되었다.

아내가 언젠가 내게 말했다.

"여보, 우리가 몽골에 가서 참 많은 복을 받았어요. 적어도 확실한 것은 당신이 전보다는 더 좋은 사람이 되었다는 사실이지요."

완벽주의 성향에 깐깐함을 가지고 있던 내가 선교지에서 부서지고 다듬어질 수 있었다. 그것은 아내의 경우도 마찬가지였다. 복음을 새롭고 깊게 만날 수 있었던 것은 선교지에서의 삶을 통해 하나님을 더 깊이 체험했기 때문이다. 그 과정을 통해서 깨달은 것은 우리가 거룩한 존재로 변화되어서 선교지로 가는 것이라기보다는 선교지에 살면서 점차 거룩함을 입어간다는 사실이다.

우리가 선교사 파송을 받았다고 해서 어느 날 급격하게 거룩한 존재로 변화하는 것은 아니다. 하나님의 입장에서 보면 일차적인 사역지는 바로 '선교사의 내면'이다. 우리가 스트레칭을 할 때, 다리를 찢는 과정은 고통스럽지만 이 과정을 통해서 우리의 몸은 유연해진다.

하나님의 스트레칭 훈련에 열심히 참여하여 유연성을 얻은 선교사는 선교지에서 좋은 관계를 만들고 영향 미칠 뿐 아니라 파송 교회와 본국에 선한 영향을 끼칠 수 있다. 선교 사역의 관건은 선교사가 사역에서 얼마나 성공했느냐가 아니라 얼마나 삶 가운데서 거룩해져 가는가이다. 따라서 무슨 사역을 하느냐보다는 어떻게 사역하느냐가 더 중요할 수 있다. 그리고 그 다음 두 번째 사역지는 '가정'일 것이다.

나그네로 사는 연습

교수나 행정요원으로 몽골에 처음 들어와 사역을 시작하는 사역자들을 위해 오리엔테이션(사전지도)을 할 때, 내가 나누는 이야기가 있다. 몽골 초기에 들어왔던 한 선교사님은 길을 가다가 술 취한 사람에게 뺨을 맞은 일이 있었다. 이 선교사는 화가 나서 어떻게 대응해야 할지 몰랐다. 문득 한 성경구절이 도전이 되었다고 한다.

> 네 오른편 뺨을 치거든 왼편도 돌려 대며
> 마태복음 5:39

그는 울며 겨자 먹는 심정으로 그 취객에게 다른 쪽 뺨을 가져다 댔다.

"더 때리려면 때리쇼."

이 행동이 그 주정뱅이의 오기를 자극했던 것 같다. 다시 뺨을 얻어맞은 것이다. 그러자 화가 머리끝까지 오른 그는 그 주정뱅이에게 반격을 가했다고 한다. 성경 구절에 더 이상 뺨을 대라는 언급이 없음을 다행으로 여기면서. 실은 신임 선교사 가정이 종종 몽골에서 길 가다가 얻어맞거나 억울한 일을 당하는 경우가 발생하곤 했다. 몽골에 선교사로 들어와서 첫 한두 달 동안 물건을 잃어버리거나 택시 기사의 횡포를 경험하는 경우를 접하게 된다.

이 때 이 일을 어떻게 받아들이는가를 통해 우리가 장기 선교사의 길을 갈 수 있을 것인가 아니면 단기 선교사로 끝날 것인가가 결정된다. 우리가 이 고비를 넘지 못하면 자칫 선교지에 있는 것을 부담스러워하고 현지인을 싫어하는 선교사가 될 수 있다. 그곳에서의 삶을 단순히 버텨내는 것이 아니라 사랑으로 품고 함께 있는 것을 즐길 수 있어야 한다.

그러려면 그 땅에서 맞는 힘든 경험을 나 자신이 부서지고 빚지는 순간으로 활용할 수 있어야 한다. 그렇게 그들을 품어낼 수 있게 되면서 우리는 또 하나의 나라와 민족을 마음에 품게 되고, 우리의 마음이 더 넓어지고 풍요하게 된다. 우리의 불편함이 성숙을 위한 요람이 된다. 이 과정에서 우리는 천국의 시민권을 가지고 이 땅에서 이방의 나그네로 사는 삶을 연습해 간다.

새로이 빚어내기 위해 필요한 시간

미국에서 한국을 거쳐 인도네시아에 들어오자마자 나는 바로 다음 날부터 국립대학에서 제공하는 언어 과정에 출석해야 했다. 이 과정은 이미 2주 전에 첫 학기가 시작된 상태였다. 막내 아이 비자 수속 때문에 더 빨리 들어올 수는 없는 상황이었다.

인도네시아어로 진행되는 수업에 나는 홀로 이방인으로 남아 있었다. 아무 말도 알아듣지 못 한 채 수업에 앉아 있어야 했다. 옆 사람에게 물어보아도 성의 있게 도와주지 않는다. 다들 딱하다는 눈으로 나를 바라본다. 당혹스러운 가운데 적응하느라 정신없는 시간을 보내야 했다. 그 자리가 내게 무척 낯설게 다가왔다. 대학을 운영하던 사람에서 다시 학생의 신분으로 돌아온 나를 받아들이고 새로이 인식하는데 며칠이 걸렸다.

또한 그곳의 더위는 어린아이를 돌봐야 하는 우리 부부를 쉽게 지치게 했다. 또 모기와의 전쟁을 치러야 했는데 아이들의 모기 물린 자국을 보는 것은 부모를 낙담케 한다. 미국과 몽골에서 오래 살았던 우리 가정에 있어서는 낯선 전쟁이었다.

앞으로 주어질 사역을 생각하면 버거움이 나를 누르기도 했다. 인도네시아라는 새로운 환경에서 대학교 허가 받는 일에서부터 건물을 세우고 교학과 행정 시스템을 갖추는 일 등 앞으로 해야 할 사역의 길은 버거울 정도로 크게 보였고, 나의 걸음은 느리고 왜소해 보였다. 내 영혼 깊숙한 곳에 외로움이 스며들어 예배의 자리에서 울고 있는 내 영혼을 바라본다.

하지만 시간을 두고 내게 허락된 환경에 인내하면서 현지의 좋은 점들을 알아가다보면 이 모든 일들이 받아들여지고 이해되고 정리되어 갈 것이다. 새로운 환경에 적응 과정을 거치면서 내 안에 있던 높아져 있던 부분들을 만나게 되었다. 그것들을 하나님 앞에서 다시 확인하고 고백하는 시간을 가질 수 있었다. 이 시간은 나를 새로이 빚어내기 위해서 필요한 시간이라는 것을 깨달았다. 새로운 환경은 나의 낮아지지 않은 부분들을 확인하는 기회이다.

나귀를 선택하신 예수님의 겸손

예수님께서 최후의 사역인 골고다의 길을 앞두고 예루살렘으로 들어가실 때 준비된 나귀가 있었다. 이 나귀는 아직 한 번도 사람을 태워본 적이 없었다. 이 나귀는 안 가본 길을 가도록 부르심을 받은 것이다. 놀라운 사실은 이 나귀를 선택하신 예수님의 겸손이다. 사람을 태워보지 않은 짐승에게 처음으로 막 사람을 태우고 길을 가려는 것은 어려운 고비이다.

처음 사람을 태우는 말을 탈 때는 말도 긴장하고, 타는 사람도 긴장하게 마련이다. 말이 흥분하기 쉽고 자칫 하면 사람을 메치거나 길을 이탈해서 마구 달릴 수도 있다. 더구나 많은 사람들이 환호하며 외치는 순간은 짐승을 흥분하게 할 수 있다. 예수님은 당신의 마지막을 향한 걸음에 경험이 없는 나귀를 선택하신다. 예수님의 겸손이다.

기도와 예배의 자리에 섰을 때 인도네시아에 오기 전 하나님께서 내게 안 가본 길을 가게 하실 것이라는 말씀을 주신 것이 생각났다. 어쩌면 인도네시아에 대해 아무런 선경험 없는 나를 부르시고 처음부터 새로 시작하라고 하시는 것은 주님의 겸손을 배우게 하기 위함이라는 생각을 한다. 예수님과 함께 가기 위해서는 그분과 동일한 겸손이 요구된다.

낯선 길 위에서의 그분의 위로

내가 가 본 적이 없는 낯선 길, 이 길을 걷는 걸음 하나하나가 중요하다. 거기에 난 발자국이 다음 사람을 위한 지표가 되기 때문이다. 나의 사역의 성공 여부가 중요하기보다는 그 사역의 부르심 가운데 한발 한발 걸어가는 그 걸음 자체가 의미를 가진다는 깨달음이 임한다. 그 발자국에 하나님께서 새로운 영향력을 담아주시겠다고 도전하시는 것을 느낀다. 내 걸음의 의미를 생각하면서 다시 한 번 주님과 발걸음을 맞출 수 있게 된다.

인도네시아에 들어온 지 2달 정도 지났을 즈음, 세 돌을 앞 둔 셋째 아이가 엄마에게 갑자기 집에 가자고 졸랐다. 이것이 집에서 벌어진 일이었기에 아내는 의아해했다.

"하연아, 어떤 집? 너 애틀랜타 집 말하는 거야?"

"응, 나 그 집에 가고 싶어요."

아이는 2살 때 1년을 애틀랜타 환경에 적응하다 보니 그곳에 대한 그리움이 있었을 것이다. 아이가 새로운 환경에서 끌려 다니는 시간을 보내다 정신을 차려보니 옛날에 자기가 누리던 환경과 가지고 놀던 장난감이 생각났던 것 같다.

아내는 내게 하연이가 불쌍한 생각에 눈물이 많이 났다고 말했다. 그러고 보니 순하던 아이가 인도네시아에 와서 태도가 거칠어지고 우는 횟수가 잦았다는 사실이 떠올랐다. 아이에게도 위로가 필요했다.

그 이야기를 듣고 마음속으로 기도하는데 이런 마음이 들었다.

"얘들아, 그 눈물짓는 마음이 나의 마음이다."

하나님은 우리와 동일한 마음으로 우리 가정을 품고 계신 것이다. 이것이 안정감의 기초가 된다.

인도네시아에 도착한 후 현지 정착과 적응으로 정신없는 한 달을 보낸 어느 주일날이었다. 현지 신학생들이 예배 특송을 하면서 영어, 한국어, 인도네시아어로 〈주 품에 품으소서〉를 찬양하고 있었다. 그 찬양의 첫 부분을 듣는데, 하나님께서 임하시는 듯한 느낌을 강하게 받았다. 후두둑하는 소리가 내 마음에 들렸는데, 마치 하나님의 위로하는 당신의 날개로 나를 안으시는 것처럼 느꼈다.

"내가 지금 너를 그렇게 안고 있다."

내 눈에서 눈물이 뚝뚝 떨어지기 시작했다. 그리고 엉엉 울어버렸다. 그렇게 하나님께 안겨있는 느낌을 받았다.

그 때 나는 깨달았다. 이것이 하나님과 함께 떠나는 사람이 그래서 그 삶이 늘 새롭게 빚어져 가는 사람이 누리는 축복이라는 것을. 그분과 함께 발걸음을 맞추는 사람이 누리는 선물이 하나 있다면 바로 그분께 안겨서 맛보는 그분의 위로이다.

내가 새벽 날개를 치며

바다 끝에 가서 거주할지라도

거기서도 주의 손이 나를 인도하시며

주의 오른손이 나를 붙드시리이다

시편 139:9,10

에필로그

또 한 번의 떠남을 앞두고
망설이는 누군가에게

당신이 지금 가고 있는 길의 방향성을 다시 점검하여 섬김의 길, 희생의 길에서 벗어났다면 다시 돌이킬 것을 축복합니다. 하나님께서 이미 오래 전부터 떠나라고 말씀했을지 모릅니다.

말씀을 받아서 이미 알면서도 주저하고 있다면 새로운 출발을 하시기를 권면합니다. 당신은 늦지 않았습니다. 이제 두려움을 떨치고 일어나십시오. 그리고 영적 번지점프대로 걸음을 내디디십시오.

아브라함은 떠나라는 주님의 명령에 반응함으로써 믿음의 아버지로 다시 태어나는 첫걸음을 내디뎠습니다. 떠남과 믿음은 불가분의 관계입니다. 이 둘은 각각 서로를 필요로 하고 서로를 이끌어 갑니다.

당신이 비록 다람쥐 쳇바퀴 도는 일상에 있을지라도 늘 신선하게 다가오는 주님을 기대하십시오. 그분이 함께하시는 것을 느낄 수 있다면 무의미한 것처럼 보였던 일상들이 중요한 의미로 당신에게 말을 걸어올 겁니다. 그 경험 속에서 하나님의 풍성함의 여유를 충만하게 누리시기를 축복합니다.

제가 듣는 질문 중 하나가 "어떻게 일상에서 하나님을 느끼고 만날 수 있느냐?"는 것입니다. 제 답은 그저 "어린아이가 되십시오"라는 것입니다. 이 말은 아이의 천진함을 배우라는 뜻이 아닙니다. 아이는 날 때부터 이기적입니다. 임신한 엄마가 먹지 못해 야위어갈 때에도 태아는 자기가 필요로 하는 영양분을 모체로부터 다 빼내 갑니다. 태어나서도 자기가 필요로 하는 것이 채워지지 않으면 울음을 그치지 않지요. 아이가 착하고 예쁘기 때문에 부모의 관심을 끄는 것은 아닙니다. 아이를 돌봐야 하는 첫째 이유는 아마도 그가 홀로 있을 수 없는 존재이기 때문일 겁니다. 엄마의 배 속을 떠나 이 세상에 나온 그 작은 존재는 혼자서 아무것도 할 수 없습니다. 그러기에 그가 할 수 있는 유일한 방법은 끊임없이 울면서 엄마의 도움을 구하는 것입니다. 엄마를 의지하면서 엄마를 점점 따뜻하게 느끼게 되고 서로 소통하는 방법을 배우게 되지요. 아기는 엄마의 말을 알아듣지 못해도 여전히 그 음성을 듣고 엄마를 느끼며 반응할 수 있습니다. 단어의 뜻을 알아 엄마와 소통하는 것이 아니라 그냥 엄마를 느끼는 것이지요.

하나님과 관계 맺는 것도 이와 유사한 것 같습니다. 어린아이가 되는 일은 하나님의 관심을 끄는 것입니다. 그분을 누리면서 그분을 향한 신뢰가 쌓여갑니다. 그분을 신뢰할 때 오는 안정감과 평안은 우리의 울음을 멈추게 하고 상한 마음을 위로합니다.

당신이 고난 가운데 있다면 이것은 십자가의 도(道)를 따르는 자들에게는 선택과목이 아니라 '필수과목'임을 인정하십시오. 그 고난이 언제까지나 지속되지 않을 것이기에 그 시간을 낭비하지 마십시오. 고난을 통해서 믿음의 능력이 어떤 것인지 경험하시기 바랍니다. 그리고 그 능력을 삶으로 증거하실 수 있기를 바랍니다.

제 지난 길을 돌아보면 뒤뚱뒤뚱 버거운 걸음걸음…. 부끄럽기 그지없는 발자취입니다. 그럼에도 위로가 되는 것은 그런 저를 하나님이 품에 안으셨다는 사실입니다.

하나님을 더 깊이 만나고 누리시기를 축복합니다.

떠남

초판 1쇄 발행	2012년 12월 21일
초판 29쇄 발행	2024년 7월 1일
지은이	이용규
펴낸이	여진구
편집	이영주 박소영 최현수 안수경 김도연 김아진 정아혜
책임디자인	마영애 ǀ 노지현 조은혜 이하은
홍보 · 외서	진효지
마케팅	김상순 강성민
마케팅지원	최영배 정나영
제작	조영석 허병용
경영지원	김혜경 김경희

303비전성경암송학교 유니게 과정
이슬비전도학교 / 303비전성경암송학교 / 303비전꿈나무장학회

펴낸곳   규장

주소   06770 서울시 서초구 매헌로 16길 20(양재2동) 규장선교센터
전화   02)578-0003   팩스 02)578-7332
이메일   kyujang0691@gmail.com   홈페이지   www.kyujang.com
페이스북   facebook.com/kyujangbook   인스타그램   instagram.com/kyujang_com
카카오스토리   story.kakao.com/kyujangbook
등록일   1978.8.14. 제1-22

ⓒ 저자와의 협약 아래 인지는 생략되었습니다.
이 출판물은 저작권법에 의해 보호를 받는 저작물이므로 무단 전재와 무단 복제를 할 수 없습니다.

책값   뒤표지에 있습니다.
ISBN   978-89-6097-291-9   03230

규ǀ장ǀ수ǀ칙

1. 기도로 기획하고 기도로 제작한다.
2. 오직 그리스도의 성품을 사모하는 독자가 원하고 필요로 하는 책만을 출판한다.
3. 한 활자 한 문장에 온 정성을 쏟는다.
4. 성실과 정확을 생명으로 삼고 일한다.
5. 긍정적이며 적극적인 신앙과 신행일치에의 안내자의 사명을 다한다.
6. 충고와 조언을 항상 감사로 경청한다.
7. 지상목표는 문서선교에 있다.

하나님을 사랑하는 자 곧 그의 뜻대로 부르심을 입은 자들에게는 모든 것이 合力하여 善을 이루느니라 (롬 8:28)

규장은 문서를 통해 복음전파와 신앙교육에 주력하는 국제적 출판사들의 협의체인 복음주의출판협회(E,C,P,A:Evangelical Christian Publishers Association)의 출판정신에 동참하는 회원(Associate Member)입니다.